臺灣歷史與文化 研究輯刊

四　編

第6冊

《三六九小報・新聲律啓蒙》人文現象之研究（下）

陳思宇　著

花木蘭文化出版社

國家圖書館出版品預行編目資料

《三六九小報・新聲律啓蒙》人文現象之研究（下）／陳思宇
著 — 初版 — 新北市：花木蘭文化出版社，2013〔民102〕
目 6+212 面；19×26 公分
（臺灣歷史與文化研究輯刊 四編；第 6 冊）
ISBN：978-986-322-488-4（精裝）
1. 臺灣文學 2. 臺灣文化
733.08 102017366

ISBN-978-986-322-488-4

臺灣歷史與文化研究輯刊
四 編 第 六 冊 ISBN：978-986-322-488-4

《三六九小報・新聲律啓蒙》人文現象之研究（下）

作　　者 陳思宇
總 編 輯 杜潔祥
出　　版 花木蘭文化出版社
發 行 所 花木蘭文化出版社
發 行 人 高小娟
聯絡地址 235 新北市中和區中安街七二號十三樓
　　　　 電話：02-2923-1455／傳眞：02-2923-1452
網　　址 http://www.huamulan.tw 信箱 sut81518@gmail.com
印　　刷 普羅文化出版廣告事業
初　　版 2013 年 9 月
定　　價 四編 22 冊（精裝）新臺幣 50,000 元

《三六九小報‧新聲律啓蒙》人文現象之研究（下）

陳思宇　著

目

次

第五章 〈新聲律啓蒙〉詞彙中反映的詈罵用語觀察

第一節 詈罵的內涵

一、詈罵用語的構成元素

　　詈罵用語指的是用來侮辱他人的詞彙，[註1]臺語的詈罵用語基本上可分為兩大區塊：「歹聽話」（pháinn-thiann-uē）與「垃圾話」（lap-sap-uē），[註2]「歹聽話」從字面上來看，是與「好聽話」對立的話，其侮辱的力度較為輕，多圍繞於社會普遍討厭和不喜愛的概念，《三六九小報・新聲律啓蒙》的「歹聽話」大多針對愚笨，如「瘸手」（khuê-tshiú）罵人行動笨拙、「袋屎」（tē-sái）用腦袋或肚子裝大便來罵人愚蠢、「痴呆」（tshi-gâi）罵愚鈍的人，或使用動物詞彙來貶低他人，如臺灣人十分痛恨為一己私利出賣同胞的「抓耙仔」

〔註1〕雖然髒話隨著時代的演變，其骯髒與冒犯的程度有逐漸下漸的趨勢，如做為情緒詞、語助詞或口頭禪的華語「屌」、「幹」，或是委婉語「機車」、「趕羚羊草枝擺」、「puma」，若探究其深層意義，依舊存有侮辱人的本質。「機車」是臺語「膣屄」（tsi-bai）的轉音，原指女性生殖器，「趕羚羊草枝擺」是臺語「姦恁娘」（kàn-lín-niâ）與「臭膣屄」（tshàu-tsi-bai）的合稱，而「puma」則是臺語「破猫」（phuà-bâ），用來指淫蕩的女性。

〔註2〕髒話會因個人主觀意識的不同而出現交疊的現象，由於目前學界對於髒話的研究不多，其界定也十分模糊，於是筆者逕自將臺語的髒話分成「歹聽話」和「垃圾話」兩種。

（jiàu-pê-á╱liàu-pê-á）、告密者，便將這些人稱爲「走狗」（tsáu-káu），指甘願聽命於殖民者，而又仗著與殖民者關係良好，欺負、壓榨臺灣人民的人、「草猴」（tsháu-kâu）指稱鄉巴佬、「烏龜」（oo-kui）譏諷妻子外遇的男人等。

　　由於臺語髒話「歹聽話」的範圍較廣，而且是偏向個人主觀認定，如罵女性傻氣、不正經的「三八」（sam-pat），有人認爲是不好聽的「歹聽話」，而有人則是認定爲「垃圾話」，所以較具爭議性。而「垃圾話」的範圍較窄，且有固定模式，又與本文的性別對立較爲相關，故本章便以臺語「垃圾話」爲觀察對象。

　　「垃圾話」（lah-sap-uē）的「垃圾」與乾淨「清氣」相對立，是指具有咒罵功能且粗鄙、不堪入耳的話，也就是髒話。使用「垃圾話」來罵人又可分爲詆毀與詛咒兩種目的：（1）「姦撟／謑姦撟」（kàn-kiāu／tshoh-kàn-kiāu）是指用粗俗、惡毒、或是不堪入耳等禁忌語（taboo）來斥罵、詆毀他人，〔註3〕如「姦恁娘」、〔註4〕「臭膣屄」，其目的在於損害他人自尊並帶來一連串心理的傷害，如痛苦、感到不幸、自信降低等。（2）「咒讖」（tsiù-tshàm）則是指用以傷害身體的詞彙來詛咒他人，如使他人生病、身體受傷、或死亡的詞彙，如咒人出門被車撞、下十八層地獄等，進而得到自我情緒的抒發、情感的宣洩。

　　臺語「垃圾話」的構成元素有二，一種是與「性」相關的詞彙，又可再細分爲性器官及排泄物，和性行爲本身兩小類，另一種與「死」相關的詞彙，也就是藉由召喚或祈求神的力量、超自然力量或邪惡的力量來達成詛咒，〔註5〕祈望將某些不好的結果加諸在被咒罵的對象身上。在此取臺語、華語和英語三種不同語言的「垃圾話」元素互爲比較，企圖從不同語言文化觀察「垃圾話」的異同之處，如下表5-1 髒話構成元素表所示：

〔註3〕　《國語辭典》將「咒罵」解釋爲：「用惡毒的話斥罵人」，同樣的，西方世界對咒罵也有類似的定義："Words spoken or written in order to influence others paranormally, causing them harm." 查詢自 "Psychic Dictionary of Definitions"（來源：http://www.psychics.co.uk/define，讀取日期：2010 年 10 月 5 日）。

〔註4〕　「姦」（kàn）爲《臺灣閩南語常用詞辭典》所用，而目前多用爲「幹」字。

〔註5〕　"Curse: To call upon divine or supernatural power to send injury upon; to imprecate evil upon; to execrate. To bring great evil upon; to be the cause of serious harm or unhappiness to; to furnish with that which will be a cause of deep trouble; to afflict or injure grievously; to harass or torment." 查詢自 "ONLINE ENCYCLOPEDIA"（來源：http://www.encyclo.co.uk/，讀取日期：2010 年 10 月 5 日）。

表 5-1 髒話構成元素表

語言類 元 素		臺 語	華 語	英 語〔註6〕
性	1.性器官及排泄物	羼（lān）、膣（tsi）、奶（ling）、尻川（kha-tshng）、屁（phuì）、屎（sái）、尿（jiō）、潲（siâu）	屌、屄、奶、屁、屎、尿	dick, ball, cunt, ass, boob, shit, piss, bullshit, ass
	2.性行為	姦（kàn）、姦恁娘（kàn-lín-niâ）	幹	fuck, motherfucker, cocksucker
死		夭壽（iau-siū）、短命（té-miā）、路旁屍（lōo-pông-si）、哭爸（khàu-pē）	該死、去死	damn, Hell, God

　　從上列表格內容來看，身體部位及生理行為和性行為的元素無論在臺語、華語或是英語皆普遍存在。

　　與「性」相關的第一小類詞彙是性器官及生理行為，性器官指的是男女生殖器官「羼」與「膣」，特別是無論是東方還是西方，女性生殖器「膣」經常被當咒罵元素，如罵不莊重女人的「三八膣」、罵盲女或不識字女性的「青盲膣」、或是罵造謠之人的「膣屄喙」等詞，而排洩物「屁」、「屎」、「尿」、「潲」更是被認為是令人作噁的、不潔的穢物。第二類是性行為「姦」（kàn），如「姦撟」指的是用粗話罵人的意思、「姦恁娘」等。第三類則是以「死」的概念為主，特別是關於死亡的一切觀念，如非壽終正寢的死亡方式、死後的狀態等，〔註7〕這類詞彙基本上為咒死類，如咒人早死的「夭壽」、「膨肚短命」、以非壽終正寢、不得善終的「路旁屍」來咒他人不得好死、以父母親逝世時子女

〔註6〕　《細說英語粗話 *American English Vulgarisms*》一書收錄美國聯邦通訊委員會（Federal Communications Commission）所公布的「美國電視禁用七字」（Seven Words Banned From US TV），分別是 cocksucer, cunt, fuck, motherfucker, piss, shit, tits，可看出現代美國文化所認定的髒話，依舊不脫身體部位及生理行為與性行為的範圍。關於英語「垃圾話」的構成元素，詳見 Michale Bernard、劉佑知合著《細說英語粗話 *American English Vulgarisms*》（臺北市：商務印書館，2010 年 7 月）一書。而露絲・韋津利則認為在英語中共有 12 個構成髒話的元素，分別是幹（fuck）、屄（cunt）、屎（shit）、尿（piss）、屁（bugger）、天殺的（bloody）、屁股（arse）、該死（damn）、地獄（hell）、屁（fart）、大便（crap）和屌（dick）。詳見露絲・韋津利（Ruth Wajnryb），《髒話文化史》（臺北市：麥田出版社，2006 年），頁 54。

〔註7〕　Crystal, David.（1997）. The Cambridge Encyclopedia of Language. Cambridge, England: Cambridge University Press, pp.61.

呼天搶地、大聲哭喊的「哭爸」、「哭母」習俗來形容他人吵鬧不休、鬼吼鬼叫的樣子。不同於漢人社會，西方社會的咒罵成分較偏向宗教用詞，如以神（God, Dear Lord）為元素的 Goddamnit, Jesus, Christ、以死後世界為元素的 Go to Hell, 等，而漢人社會並不會直接拿神明做為咒罵元素。

縱觀上述所言，「垃圾話」不僅涉及社會禁忌，更包藏歧視（discrimination）意味，也就是用不公平與負面的態度對待或咒罵某些特殊社群的成員，〔註 8〕歧視通常立基於性、性別導向、種族、民族、宗教或是身心障礙等面向。〔註 9〕然而，雖然構成詈罵的元素會因不同的文化、語言或是主觀意識而有所差異，但大致上仍不脫「涉及個人層面可以接受、但社交語言不可接受的話題和領域──也就是生理功能和生理產物」〔註 10〕的語用範圍。

二、詈罵所帶來的殺傷力與時代意義

1. 損人不利己的詈罵

俗諺「一句話三角六尖，句句傷人」表明話語有時會比利刃還要傷人，身體的傷疤會自行結痂、淡化，但心理的傷疤卻會一輩子存在，無時無刻提醒自己曾經被誰用什麼樣的言論傷害過。詈罵的特點在於除了讓被罵對象感到羞辱、難堪，它還會回過頭來反刺詈罵者一刀，不僅傷人也傷己，所以使用者在進行詈罵之前，必須要字字斟酌，以免誤傷己身，尤其是要避免使用「垃圾話」來罵人。因為「垃圾話」是把銳利的雙面刃，雖然能在當下迅速地獲得情緒的宣泄、達成詆毀侮辱他人的目的，但卻同時也在毀損自己形象，這是因為構成「垃圾話」的元素經常是那些被認為是低級的、粗鄙的、猥褻的且違反社會道德規範與禁忌的概念，在罵人的同時，也引發他人震驚、尷尬、噁心、無禮及被冒犯的觀感，所以會受到社會大眾的輕視、排擠和感到不齒。

〔註 8〕 原文為"Treating members of a group unfairly compared to the treatment of other people who are not members of that group." 查詢自 "LAWPACK"（來源：http://www.lawpack.co.uk/legal_glossary_，讀取日期：2010 年 12 月 14 日）。

〔註 9〕 原文為"The treating of one or more people unfairly, as compared to any other person or persons. Discrimination can be based upon the following grounds: sex, sexual orientation, race, nationality, religion or disability." 查詢自 "Compact Law Legal Glossary"（來源：http://www.compactlaw.co.uk/legal_glossa，讀取日期：2010 年 12 月 14 日）。

〔註 10〕 露絲‧韋津利（Ruth Wajnryb），《髒話文化史》（臺北市：麥田出版社，2006 年），頁 33。

　　再者，日治時期印刷資本主義進入臺灣，新聞報紙的發行打破地域的限制，〔註11〕刊載在報紙上的所有文章、言論皆可在短時間內迅速散佈至全臺各地，讓更多的人看到，使得社會輿論成形的速度比起以往更爲快速，所伴隨而來的殺傷力也更爲強大。由於報紙是白紙黑字的鐵證，不像言語一樣只會出現在說話的當下，文字不但可被保留下來的，還可不受時間限制無限的再現，如筆者處於西元 2011 年的時空背景，卻可透過《三六九小報》的紙本內容觀看 1930 年代的言論。具有報刊身份、抱持延一脈斯文目的所創刊的《三六九小報》，刊載其上的文句、內容理應字字斟酌，既便是嘲諷、謾罵，應該也得遵守禮儀規範，以免失了文人的身份或是使漢文學地位受到傷害、甚至是留下把柄，成爲日後他人指控的依據。

　　在此舉《三六九小報》與《臺南新報》筆戰爲例，從筆戰的態度可看出知識份子普遍認爲既使是罵人也得罵得高尚有禮、不帶髒字，否則就跟不入流、沒知識、沒水準的鄙夫村婦沒什麼兩樣。1931 年蔡培楚與張淑子〔註12〕兩人分別透過《三六九小報》和《臺南新報》兩報紙，相互爭辯香蕉的臺語用字究竟是「弓蕉」還是「芎蕉」，沒想到竟演變成雙方陣營互做人身攻擊、互揭瘡疤的筆戰。蔡培楚曾寫下對此次筆戰的感想，先是指稱這場筆戰是由張淑子主動挑起：「三六九小報，植歷之閒話，干卿底事，而他偏欲強自出頭，以啓文字之釁」，〔註13〕後表明自己雖是無端捲入此戰：「不知有何開罪于心聲子，竟勞其揮如椽大筆，皇皇巨著，發表於某報。又特注標點，欲與植歷開心玩笑」，但依舊抱持著「遊戲筆墨。共相研究」的心態和依循文人「互相研究文字學理。雖帶諷刺。亦彼此皆然」的玩笑傳統來與張淑子陣營相互較

〔註11〕李承機〈從清治到日治時期的〈紙虎〉變遷史——將緊張關係訴諸「輿論大眾」的社會文化史〉，收錄於柳書琴、邱貴芬主編《後殖民的東亞在地化思考：臺灣文學場域》（臺南市：家臺灣文學館籌備處，2006 年），頁 15～44。

〔註12〕張淑子（1881～1945），號野鶴，堨雅人（今臺中市大雅區）。總督府國語學校畢業後任職於公學校近 20 年，後轉任《臺灣新聞》和《臺南新報》的漢文部擔任編輯。在擁有記者身份時與他人發生過三次筆戰，給人留下公器私用的印象，分別是 1927 年他的妻子與臺中佛教會的住持林德林傳出緋聞，他一氣之下便將此事刊登在《臺灣新聞》上，後引發傳統知識份子和佛教人士兩派的論爭，稱爲「中教事件」；1929 年葉榮鐘於《臺灣新聞》發表〈爲「劇」申冤——讀江肖梅氏的獨幕劇——〉，批評其戲劇作品〈草索記〉，後引發雙方爲新文學觀點提出辯駁；1931 年與蔡培楚爲了「芎蕉」一詞各有爭執。

〔註13〕蔡培楚（倩影）〈讀張淑子自警古詩？〉，《三六九小報》第 116 號（昭和 6 年 10 月 6 日）。

勁。〔註14〕

　　小報同人也多次提及原以爲張淑子同爲斯文人，應只就文字學理上互相切磋，即使文章中帶有嘲諷口吻，也無須計較。而小報同人筆戰也勸告張淑子陣營筆戰應聚焦「在文字而不在感情。若果仍如從前之文不對題。恃蠻謾罵。直效潑婦之行爲者。惟有敬謝不敏耳」〔註15〕，沒想到張淑子陣營依舊故我，不但不正面回應蔡培楚所提出的文字問題，還利用職務之便，連日刊載攻擊文章，使用推托之詞搪塞、模糊焦點，並採取謾罵、人身攻擊、斷章取義、捏造事實的手段抹黑蔡培楚陣營和《三六九小報》。此舉令蔡培楚陣營十分不滿，認爲張淑子是「挾其惡德記者之利器。肆行人身攻擊。捏造事實。妄圖中傷」。〔註16〕

　　然而在數落張淑子陣營的同時，蔡培楚陣營同樣也落入了中傷張淑子陣營、人身攻擊的陷阱之中，於是《三六九小報》編輯群便發出聲明，認爲張淑子陣營是假冒斯文、下筆粗鄙，亦無與其做文學辯論的價值，若再辯解，恐怕會被誤認爲《三六九小報》也是相同格調及格局，所以單方面地決定終止這場論戰。〔註17〕從上述文字歸納知識份子對於嘲諷謾罵所抱持的態度：游戲筆墨的嘲諷是文人傳統，應著重在文字的切磋，若是同潑婦罵街般攻擊、詈罵、叨念不休，所使用的詞彙盡是些粗鄙、下流的話語，不但毫無攻擊力度，反而會把自己的格局做小，更大大地損害了自己身爲文人的身份。

　　另外，《三六九小報‧新聲律啓蒙》的創作者在遇到被認定是下流粗鄙的「性」與「死」詞彙時，爲了避免觸犯社會語言禁忌，會採取委婉、避諱的方式書寫，如「弄被獅」、「辭公婆」、「昇天」等代稱「性」與「死」這兩件事。由此觀之，創作群十分清楚且了解詈罵的意義與後果。然而令筆者感到訝異的是，當「性」與「死」等實際概念被以間接、委婉的方式呈現的同時，被排除在傳統雅正文學之外、以「性」與「死」爲構成元素的詈罵用語卻可大刺刺地出現在《三六九小報‧新聲律啓蒙》之上。

〔註14〕蔡培楚（植歷）〈雜俎‧芳圃閒話〉，《三六九小報》第 114 號（昭和 6 年 9 月 29 日）。

〔註15〕譚瑞貞〈大冶一爐‧致張淑子書〉，《三六九小報》第 118 號（昭和 6 年 10 月 13 日）。

〔註16〕蔡培楚（植歷）〈雜俎‧芳圃閒話〉，《三六九小報》第 118 號（昭和 6 年 10 月 13 日）。

〔註17〕詳見〈編輯餘滴〉，《三六九小報》第 122 號（昭和 6 年 10 月 26 日）。

相較於林珠浦使用符號 XX 取代女性生殖器以降低冒犯程度，〔註18〕蔡培楚則在第 1 則《三六九小報·新聲律啓蒙》裡便寫下了「屄對屎」的對偶，趙雅福更是將掛在臺灣婦女嘴邊的「夭壽短命。汝這路傍狗拖」順口溜一字不漏地放入文本之中。雖然此舉增加了作品的趣味性，保存了庶民文化的語言特質，但相對的，勢必會引發他人反感、不悅，更會對創作者本身知識份子、讀書人的身份造成危害，甚至連帶影響到《三六九小報·新聲律啓蒙》的文學價值。

2. 詈罵的時代意義

光是一般大眾在言談間冒出幾句詈罵用語，就已經會引來他人注目的眼光，更何況這些詈罵用語還是出於社會地位較高且受過教育的知識份子之手／口，並且透過媒體迅速地散播開來，這三者加總起來所引發的負面效應應該是大得嚇人。〔註19〕然而，爲何這些創作者寧可冒著大不諱、甘願卸下知識份子的身份地位，也要書寫這些被認爲是沒有教養且觀感不佳的詈罵用語呢？筆者試圖從時代背景與心理因素剖析詈罵用語的時代意義。

日本殖民臺灣之後，原先想利用語言換血來達成同化目的，企圖用單一語言和單一種族的思想型塑出「想像的共同體」〔註20〕，但這也僅只停留在想像的階段而已。李勤岸提及日治時期殖民地臺灣日語和臺語使用的情形，認爲雖然讓臺灣人學會說日本話是主要的語言教育政策，但是日語似乎只侷

〔註18〕 原文爲「XX 看作守瀧門」，「XX」指的是女性生殖器「tsi-bai」。詳見林珠浦〈新聲律啓蒙〉，《三六九小報》第 105 號（昭和 6 年 8 月 29 日）。

〔註19〕 筆者在寫作論文的同時，恰巧發生了知識份子在公眾場合講髒話的事件，與蔡培楚、趙雅福等知識份子在《三六九小報》上書寫髒話是相同的模式，在此以當代社會的觀點來做爲日治時期的借鏡。網路作家九把刀在關西高中演講時不但將「幹」、「靠」做爲語助詞使用，會後關西高中校長則以「幹，你怎麼講得這麼好啊！」的言論做爲演講的總結。校長講髒話這件事不但佔據多日媒體版面，更引發社會輿論一陣撻伐與各方人士的激辯。社會普遍認爲學校是傳授正確知識與觀念的場所，不應該有髒話，即使校長是爲了要符合講者或演講主題而説出「幹」，也應該馬上向學生説明説髒話是不對的、不好的行爲，而且也不適合在公開且公眾場合説髒話。相關新聞詳見蔡孟尚、黃美珠等〈九把刀演說 校長説：幹，太好聽了〉，《自由時報電子報》（2010 年 12 月 15 日）（來源：http://www.libertytimes.com.tw/2010/new/dec/15/today-t1.htm，讀取日期：2011 年 1 月 12 日）。

〔註20〕 「想像的共同體」一詞出自於班納迪克·安德森（Benedict Anderson），《想像的共同體：民族主義的起源與散布》（臺北市：時報文化出版社，2007）。

限於教室內使用，臺灣人在公共場所依舊是使用臺語交談，〔註21〕按照李勤岸的觀念來看，日本殖民政府所推展單一語言思想的同化政策似乎並不成功。

另外，從安德森的論點來看，『日本化的朝鮮人、臺灣人、或是緬甸人通往母國之路都被完全封閉起來。他們也許能完美地說或讀日語，但他們永遠不會管轄「日本」本州的那個縣，或者甚至被派駐到出生地以外之處』〔註22〕，也就是說殖民地人民的朝聖之旅因種族差異而遭受阻礙，既使有著跟母國人一樣的語言能力、既使語言已被徹底換血了，但殖民地的人民依然被排拒在殖民母國之外，只能在殖民地的行政單元裡面做內部的朝聖〔註23〕。如此看來，單一種族的思想雖是空想，但虛浮的「想像的共同體」和帶有歧視性的行政及教育體系卻加重了知識份子對於自我／民族認同的衝擊。

受到殖民政府語言教育政策影響，科舉制度的廢除，不但使得知識份子的身份從「萬般皆下品，唯有讀書高」重重摔落到「百無一用是書生」的地位，更阻斷了中下階層的知識份子透過考試向上層流動的唯一路徑，連帶地也使得傳統社會井然有序且自成一套的社會階級與身份地位受到影響。日治時期的高壓統治狀態、警察制度的無孔不入、臺灣民眾受日本政權惡意刁難、臺灣人與日本人的差別待遇、沉重的稅賦等等不公正、不公平的情節在現實生活中不停地上演，就連曾經在社會上佔有一席之地、曾位於中上階級的知識份子不但無法替他人伸張正義、主持公道，甚至還有可能連自己也曾經或正在遭受迫害。在無力抵抗的情形下，除了以時運不濟的藉口聊以安慰，就只能夠藉著書寫來釋放、宣洩心中憤恨不平的情緒、壓力和挫折感。髒話是違反社會規範與禁忌的詞彙，使用髒話來詈罵則具有直接挑戰社會主流價值的意味；詈罵是發洩憤怒和不滿負面情緒、減輕壓力和苦悶的方法，而使用最難聽、最猥褻、最惡毒的髒話來詈罵則可達到謾罵效果的最大值。

〔註21〕 李勤岸，《母語教育：政策及拼音規劃》（臺南市：開朗雜誌，2006 年），頁38。

〔註22〕 班納迪克・安德森（Benedict Anderson），《想像的共同體：民族主義的起源與散布》（臺北市：時報文化出版社，2007），頁 107。

〔註23〕 「朝聖」是由安德森所提出的，指的是殖民地人民試圖先成為殖民地的低階官吏，而後朝向更高階層地位晉升的過程。一旦有人成功登上更高階的身份地位，其過去的階層的遊歷過程便會形成其他殖民地人民的朝聖必經之路。

第二節　性別歧視——「三十歲查埔是眞銅，三十歲查某是老人」〔註24〕

　　嬰兒在出生後唯一能夠展現其性別的身體部位正是生殖器，而傳宗接代最重要的工具也是生殖器，原始社會更曾以生殖器爲崇拜的對象。早期社會不了解人類生育的原理，先是對女性具有懷孕生子的能力懷有敬意，等發現到男性的生育能力後，便轉而推崇男性的價值，可見生殖器不但是人體重要的器官，同時也是人類文化的開展。然而，發展到最後卻出現極大的分歧，不但把人類劃分爲男性和女性兩種不同的生物，並且依據性別給予不同的待遇，這點從第三章與第四章的臺灣庶民文化也可看出男女的差別待遇，無論是生命禮俗還是處世教化，都可看見推崇男性和壓抑女性的「男尊女卑」和「重男輕女」觀念，而這種性別二分法在「垃圾話」中更是明顯，同樣都是以生殖器爲核心的詞彙，爲何男性的生殖器皆偏向正面意涵，而女性卻總是偏向負面意涵？究竟是什麼樣的力量及理念在支撐或是驅使女性走入「垃圾話」的語用範疇之中呢？

　　無論東西方皆可見以性別爲元素所構成的歧視性用語，若深入探究其語意（semantic）便可發現以男性爲歧視語元素的詞彙語意，大抵是將男性「去勢」以達到詆毀的效果，如「查某體」、娘娘腔、sissy、cocksucker 皆是以男性的異性戀特質爲核心；而女性卻是偏向負面且聚焦於性／欲之上，如「媪婊」（àu-piáu）、蕩婦、bitch，正是取女性的性關係爲元素並隱含濃厚的性欲意味。筆者欲借重當代女性主義學者及法學思想家凱瑟琳・麥金儂（Catharine A. MacKinnon）針對性別歧視的言論所提出的觀點，做爲本節論文的主軸，企圖呈現殘留在臺語髒話中「男尊女卑」的現象。

　　麥金儂認爲以女性生殖器爲構成元素的詈罵詞彙，或是貶抑女性的言論，其背後是由「父權體制下厭惡女性的文化心態，包含認爲女人天生邪惡，或認爲女人是性剝削及凌虐的自願受害者」〔註25〕的厭女文化所支撐，更充斥著男女不平等的性別宰制論（dominance theory）。也就是說，性別歧視言論

〔註24〕 此俗諺出自陳憲國、邱文錫，《實用台灣諺語典》（臺北縣：樟樹出版社，再版，2001 年 3 月），意思是三十歲的男人正值人生的巔峰狀態，而三十歲的女人卻是年老色衰，人老珠黃。

〔註25〕 凱瑟琳・麥金儂（Catharine A. MacKinnon），《言語不只是言語——誹謗、歧視與言論自由》（臺北市：博雅書屋有限公司，2010 年 12 月），頁 82～83。

和詈罵用語暗中傳遞著「男人如何看待女性、男人想要怎麼對待女性、女性該怎麼爲男人服務、女性就是該待在哪裡」〔註26〕的概念與刻板印象。她更明確地指出性別歧視用語反映了社會現實與本質：

> 當語言形塑了社會現實，使用語言的社會現實就決定了語言傳達的意義及作爲。此時再去辯解這些言語並不是這個意思、或是沒做這些事，只是否認社會現實的存在。要是沒有男性優越、要是男性優越沒有被性化，就不會有像性騷擾這樣的傷害產生。當然，言語本身並非單獨發揮作用，但是性騷擾之所爲只能透過言語；或是更精確的說，只是透過表達這種媒介，性騷擾才能造成傷害。〔註27〕

換句話說，含有性騷擾、性歧視的言論不單單只是個體的語言使用，更顯示了蘊藏在社會底下長久的性別不平等的事實與性別宰制的問題，也就是男性處於優越而女性卻被置於臣服的差別地位。這套性別宰制論的關鍵在於男性主觀意識所認定的性別意義：男女關係是主動／被動互補的關係，也就是男人有權利在性事上主動並擁有女人，而女人只能毫無權利地被男人所佔有，於是便男性與女性的主／被動的位階便形成了以下的謬論：受男性宰制的女性因爲臣服於男性，於是得到性的愉悅，於是乎原本充滿暴力的性關係就會平衡成爲你情我願、兩性相悅的性關係。〔註28〕

性別宰制與不平等的觀念更是透過語言的約定成俗特點不斷放送、催眠語言使用者，如臺語「姦」（kàn）最初的意義是指性行爲的動作，經過長時間的使用，原先的指稱性行爲的意義消失了，逐漸轉移成發洩情緒的用途，〔註29〕但隱藏在動作「姦」底下的意義與禁忌卻依舊根深蒂固、屹立不搖，也就是只有男人可以「姦」女人／非男人，而女人／非男人只能等著被「姦」，「姦」仍

〔註26〕凱瑟琳・麥金儂（Catharine A. MacKinnon），《言語不只是言語——誹謗、歧視與言論自由》（臺北市：博雅書屋有限公司，2010年12月），頁79。

〔註27〕凱瑟琳・麥金儂（Catharine A. MacKinnon），《言語不只是言語——誹謗、歧視與言論自由》（臺北市：博雅書屋有限公司，2010年12月），頁96。

〔註28〕陳昭如〈導讀：言語的力量〉頁11～13，收錄於凱瑟琳・麥金儂（Catharine A. MacKinnon），《言語不只是言語——誹謗、歧視與言論自由》（臺北市：博雅書屋有限公司，2010年12月）。

〔註29〕露絲・韋津利（Ruth Wajnryb），《髒話文化史》（臺北市：麥田出版社，2006年），頁45。雖然韋津利認爲 fuck 的性意味已經消失了，取而代之是偏向表示無奈的、困惑的、難以置信的和敬佩的意思，但筆者卻有不同的看法，認爲性意味只是隱藏在這些新增的意義之下，並沒有消失。

舊是專屬男人的詞彙，也只有具備男性特質和男子氣概的男人才能擁有「姦」的本事。

　　本節針對《三六九小報・新聲律啓蒙》中以男女生殖器及相關身體部位爲核心的詞彙，試圖透過本身語意、使用頻率、和上下文關係，觀察臺灣社會性別霸權與性別宰制的情況，並透過語言觀察男性如何看待自己以及他者。文本所使用的性別歧視相關詞共有 38 個，累計詞頻爲 0.46%，如下表 5-2 性別歧視相關詞彙表所示。

表 5-2 性別歧視相關詞彙表

#	主要詞條	總詞數	釋　義	音　讀	異用字	異用字詞數	來源
1	羼鳥	6	陽物，陰莖。	lān-tsiáu			1
2	羼	19	陽物，陰莖。	lān			1
3	屌	1	陽物，陰莖。	tsiáu			1
4	羼抛	8	陰囊。	lān-pha	羼泡	1	1
5	子孫袋	1	陰囊。	kiánn-sun-tē			1
6	羼核	3	睪丸	lān-hút			2
7	羼鳥頭	1	龜頭	lān-tsiáu-thâu			1
8	羼鳥頭磨剃刀	1	非常危險。	lān-tsiáu-thâu buâ thì-to			1
9	屌子頭縛麻縚	1	（歇後語）歹算。	tsiáu-á-thâu pák muâ-soh			*〔註30〕
10	手銃	3	陰莖的代稱。	tshíu-tshìng			1
11	坎屌子	1	囡仔的陽物。	khàm-tsiáu-á			1
12	屄	11	陰門。	bai			1
13	歪尾桃	1	（戲）指查某人的陰部。	uai-bé-thô			1
14	奶	8	指雌性哺乳動物的乳房。	ling/ni	乳	7	1
15	大乳壓細囝	1	形容小人得志，仗勢欺人的德性。	tuā-ling teh suè-kiánn			7
16	尻川	22	（1）肛門；臀部。（2）後壁。	kha-tshng	尻穿	1	1
17	尻川口	1	肛門。	kha-tshng-kháu			1

〔註30〕潘榮禮，《台灣孽㤢話新解》（臺北市：前衛出版社，2005 年 8 月），頁 338。

18	尻川畫獅頭	1	嘲諷想發財卻不腳踏實地的人。	kha-tshng ue sai-thâu			*〔註31〕
19	用龍眼核拭尻川	2	愈拭愈垃圾，代誌愈舞愈慘／用龍眼的種子來擦屁股。這裡以會變得更加污穢之意來指處理事情上，愈處理愈糟的情況。	īng lîng-gíng hut tshit kha-tshng	用龍眼核拭腳尻	1	1/3
20	尻穿栽大炮	3	非常火急。	kha-tshng tsinn tuā-phàu	尻川栽大燭／尻川栽蚋灼	1/1	1
21	尻川幾枝毛看現々	1	比喻爲原形畢露之意。	kha-tshng kui-ki moo khuànn-hiān-hiān			8
22	尻川較壯大南門城壁	1	屁股的堅固勝過城門。指太堅固不肯動。／人的屁股比城門還壯，即表示穩如泰山之意，任誰也動不了之意。	kha-tshng khah tsòng tāi-lâm-mn̂g siân-piah			7
23	姦	3	性交。罵人語。	kàn	幹	2	2
24	幹尻川	1	雞姦。	kàn-kha-chhng			1
25	搖尻川花	1	搖屁股。	iô kha-tshng-hue			2
26	尻川夾火炭	2	假毋知，佯生。／假裝不懂、不知道。裝傻。	kha-chhng ngeh hué-thuànn	尻川挾火炭	1	1/8
27	羼神	2	形容男性個性起伏大、不正經，帶點輕佻。	lān-sîn			2
28	X	10	取代髒話的元素。				
29	XX	10	取代髒話的元素。				
30	○	1	取代髒話的元素。				

小計：38/8265；詞頻：0.46%

一、陽具崇拜的心理層面

　　《三六九小報・新聲律啓蒙》裡，與男性生殖器相關的詞彙其出現的頻率遠高於女性，男性生殖器也因功能的不同而擁有不同的名稱，如陰莖的全

〔註31〕花松村，《台灣鄉土全誌 第七冊（臺南市、臺南縣）》（臺北市：中一出版社，1996 年 5 月），頁 46～47。

稱#1「羼鳥」、簡稱#2「羼」與#3「羼」〔註32〕，儲存精子的陰囊稱爲#4「羼抛／羼泡」，精子不但承載了生育功能，更是代表父系家族的傳承，所以陰囊也有#5「子孫袋」的稱號；#6「羼核」指的是製造精子的器官睪丸，#7「羼鳥頭」與「羼子頭」同是龜頭，又可稱「戛仔頭」（khiat-á-thâu）或「羼羅」（lān-sui）。

由於傳統社會認爲情慾是保守的、隱密的、難以啓齒的，卻又是自然的生理現象，於是便替這些無法明說卻又與生活息息相關的性事創造出許多有趣的代稱詞，如以像舞獅般波動的棉被擺動情況的「弄被獅」〔註33〕暗喻房事進行的狀態，或是以「打手銃」〔註34〕來指稱男性手淫的動作，所以#10「手銃」便成爲男性生殖器的代稱。〔註35〕#11「坎羼子」原本指的是未成年男童的生殖器，後來卻被拿來嘲笑生殖器不夠壯觀的男性。

從古至今男性無不以擁有一個雄偉的陽具爲榮，陽具不只是男性的生殖器官而已，更與性能力、男子氣概、自信尊嚴、社交地位密切關連，所以男性十分在意性器官的長度、大小與持久度，甚至爲了維持男性尊嚴，深怕自己的性器官不夠雄偉強壯，便試圖靠著食物、藥物來改變或維持陽具迷思，如相信若是吃了雄性動物的生殖器官與腎臟便能達到「以形補形」、「以鞭補鞭」的壯陽效果，在《三六九小報》、《風月報》的廣告中也經常可見號稱重振男性雄風的壯陽藥品廣告。就連在言語上，多多少少也會出於不自覺或刻意地展現或吹捧男性雄風，如文本所紀錄的男性對#1「羼鳥」長度的誇張比喻：『嚻潲〔註36〕免本。#1「羼鳥」比竹篙較長』以陽具爲意象，指的是說大話、

〔註32〕「羼」字只有蔡培楚使用。

〔註33〕「弄被獅」一詞曾出現在歌仔戲團拱樂社的劇本之中。陳雲川所編寫的《江山美人》第四本中提到「弄被獅」意指「蓋著被子做愛，像舞獅一樣」；鄧火煙所寫《仇海情天》第四本中則將其解釋爲「被裏翻滾，喻男女燕好之意」；在葉海編寫的《神祕殺人針》第一本裡則是解釋爲「躲在被窩裡調情嬉戲，好像舞獅一樣」。另外在《三六九小報・新聲律啓蒙》中，趙雅福（子曰店主）將「弄被獅」置入情境之中，寫下「墊被空內弄被獅」的句子，更爲貼進「弄被獅」的眞正意涵。請參閱趙雅福（子曰店主）〈新聲律啓蒙〉，《三六九小報》第109期（昭和6年9月13日）。

〔註34〕同「拍手銃」。

〔註35〕根據黃克武、李心怡的研究，在笑話文本中男性性器官有許多有趣代稱詞，如「羼子」、「郎中」、「麈柄」、「琵琶」等。詳見黃克武、李心怡，〈明清笑話中的身體與情慾：以《笑林廣記》爲中心分析〉，《漢學研究》19卷2期（2001），頁343～374。

〔註36〕同「嘐潲」，指說大話、吹牛的意思。

吹牛是不用花費任何本錢的，愛怎麼「膨風」就怎麼「膨風」，但是聽眾都知道內容是空言、不可信的；此句以#1「屌鳥」再怎麼長也不可能比竹竿還要長的事實來揶諭「膨風」的內容，有趣的是，#1「屌鳥」的長度不正也是陽具迷思的核心所在嗎？

　　『牽#2「屌」拭#17「尻川」』與『撂〔註37〕#2「屌」損頭殼』的誇大、吹噓程度雖然不比「竹篙」，但依舊誇張不已，不但可以往後伸展「拭尻川」，甚至還可以向上延展「損頭殼」。男性陽具的另一個迷思在於尺寸大小，如『成憨〔註38〕面。夯#2「屌」不知當轉肩』、『戇甲出面。夯#2「屌」懜〔註39〕曉轉肩』雖是罵人愚蠢、不知變通，卻以男性生殖器的長度和重量爲構成元素。而『勿泅嫌#4「屌拋」捲水』、『人袂泅索拖#4「屌拋」搰水』兩句中的「捲水／搰水」（kuānn-tsuí）是水腫的意思，意指「因液體在身體的細胞組織中發生異常的積聚現象，而引起全身或局部的腫脹症狀」〔註40〕，字面意義是把#4「屌拋」太大所以會產生阻力的理由，做爲不會游泳的藉口，同俗諺「袂曉駛船嫌溪灣」，可用來指責他人沒有本領、能力做好事情，卻也不會檢討自己，反而怪東怪西、將責任推得一乾二淨。然而，既便男性生殖器的長度大小異於常人，男性依舊當作珍寶細心呵護，甚至引以爲榮。

　　『#1「屌鳥」要〔註41〕比范進士旗杆』將男性的生殖器比擬成高高聳立的「旗杆」，此處的「旗杆」指的是在科舉制度中，若有人考取舉人或進士等功名，便能在家族宗祠之前豎立旗杆，除了有光耀門楣、張顯功名的象徵，也有鼓勵後人勤奮讀書的意味。由此觀之，創作者將男性所獨有的生殖器官與光耀門楣的意象牽連在一起，表示唯有男性才能支撐起整個家族的榮耀。另外，#6「屌核」與鑽石的對比也能看出臺灣傳統社會中的陽具崇拜實況，男性生殖器#6「屌核」不但具有製造精子的功能、悠關家族子嗣傳承問題，更是分泌、製造雄性激素的部份，不但是男性最重要的性象徵來源，更是非常珍貴且寶貝的部位，而鑽石是價格昂貴的珠寶，也是目前硬度最高的天然礦石。創作者有意將#6「屌核」與鑽石互爲參照，寫下『甲好胆。#6「屌核」不是鑽

〔註37〕同「夯」。
〔註38〕同「戇」。
〔註39〕同「袂」。
〔註40〕詞條「搰水」，查詢自《閩南語常用詞辭典》線上版。
〔註41〕同「欲」。

石造的』〔註42〕、『甲許好胆。#6「羼核」都惣是鑽石做的』〔註43〕等句子，取#6「羼核」比鑽石還要脆弱的意象對照生命與錢財，勸告世人生命才是最珍貴的東西，凡事都應三思而後行，不可魯莽、衝動。又男性生殖器等同於生命，所以俗諺#8「羼鳥頭磨剃刀」〔註44〕正以銳利、會危害生命的「剃刀」與生命之源「羼鳥頭」互為參照，表示非常危險的情況或是行動。

『大手銃真手賤。#9「羼子頭縛麻緣〔註45〕」。登愈高跌愈死。#18「尻川口」必作周』的對句有嘲諷他人自做自受、「夯枷」的意思，#10「手銃」是男性生殖器，而「手賤」則指喜歡擺弄、亂碰任何東西的行為。#9「羼子頭縛麻緣」應為歇後語「羼鳥縛大索——歹算」的變體，「歹算」是「歹束」的諧音，指「歹按算」、難以計算的意思，此歇後語是取男性生殖器的意象所做的，雖說男性經常強調自己的生殖器是強而有力的，但畢竟還是血肉之軀，若要用麻繩綁起來，其力道實在是很難拿捏，若是怕麻繩鬆脫而綁得太緊，可能會使其受傷或流血，但若是怕受傷而減少力度卻又綁不起來，所以才會說是「歹束」。

有趣的是，此歇後語取「羼鳥」與「大索」互做對比，突顯了男性對於生殖器大小的在意程度。而「登愈高跌愈死」為爬得越高摔得越痛的意思，『#18「尻川口」必作周』的「必」應為「屄」（pit）產生裂痕之意，「周」為量詞，用來計算物品切成瓣狀或破裂後部分單位，與歇後語「尻川裂到喉——大裂」有異曲同工之妙，「大裂」是雙關語，可指物品裂得很嚴重，也可用來比喻事情很糟。由此推斷「大手銃真手賤。#9「羼子頭縛麻緣」。登愈高跌愈死。#18「尻川口」必作周」的對句皆有自作自受、自找麻煩、把事情搞砸的意思。

重男輕女的臺灣社會在現實生活中將男性推崇到至高無上、尊榮的地位，男性生殖器的概念也不會像對女性生殖器一般，認為是邪惡的、骯髒的、醜陋的，反而可以比較非常正面的態度來看待，不但將男性的生殖器視為珍寶，得小心愛護，就連在語言層面上也是不斷地強調男性的雄偉、巨大，甚至文本還將男性的生理反應——遺精以帶有趣味的方式呈現，遺精是指「男

〔註42〕同「甲好膽。羼核毋是鑽石造的」。

〔註43〕同「甲遐好膽。羼核毋是鑽石做的」。

〔註44〕《台日大辭典》收錄俗諺「用 lān-pha 皮磨剃頭刀」與文本雷同，故視為相同的俗諺。

〔註45〕同「索」。

子生殖器官所分泌的精液，超過精囊容納量時，就會經尿道排出體外」〔註46〕的生理反應，文本用『夯#2「屄」畫土符』和『凍到出面#7「屄鳥頭」拾飯粒。暢無入腹袴底下畫地圖』的對句來描寫，用字方面並無使用帶有貶意、詆毀的字句，連帶地其語意也是偏向正面。〔註47〕

二、厭女情結的心理層面

厭女（misogyny）指的是對女性的仇恨或厭惡〔註48〕，David D. Cilmore 在其著作《厭女現象：跨文化的男性病態》將厭女定義爲：『對女性性別懷有敵意，一種與社會階層差異無關的「憎惡或嫌惡」感受』，更將厭女情結擴大成爲是一種「具體的行爲表現在社會中：包括文化習俗、文學作品、儀式，或其他看得見的活動。因此，厭女是一種在男性間象徵性地交換、分享而且予以實踐的性別歧視。它存在於人們互動的方式當中。當然，厭女乃男性的行爲，通常會以儀式性的方式呈現出來。」〔註49〕

厭女的思想不但遍及全球，厭女議題也是文學歷久不衰的主軸，女性不但經常被描寫成是危害男性的惡魔，〔註50〕莎士比亞（William Shakespeare）在其著名的作品《哈姆雷特》（*Hamlet*）中有經典名言：「弱者，你的名字是女

〔註46〕詞條「遺精」，查詢自《國語辭典》線上版。

〔註47〕因爲男性生殖器及其相關詞彙本身就不具貶義，雖然它被視爲是「垃圾話」，但卻沒有貶低或詆毀他人的意思，無論是在口頭言論或是文學裡鮮少出現，既使有，也是專指生殖器本身，或是像文本一樣是圍繞在刻意張顯男性雄風的語用範圍之中。

〔註48〕Webster's Revised Unabridged Dictionary 將 "misogyny" 定義爲 "hatred of women"，而網站 English-Word Information 則是定義爲 "A hatred of or aversion to women." 查詢自 "ONLINE ENCYCLOPEDIA"
（來源：http://www.encyclo.co.uk/，讀取日期：2010 年 12 月 19 日）。

〔註49〕David D. Cilmore 著、何雯琪譯《厭女現象：跨文化的男性病態 Misogyny: the male malady》（臺北市：書林出版有限公司，2005 年），頁 14。

〔註50〕《希臘神話》（*Mythology*）裡第一位人類女性潘朵拉（Pandora）正是宙斯（Zeus）爲了懲罰人類而特意創造的、《聖經》（*Bible*）中更視女人爲原罪（original sin）。除了女性本身是禍害之外，她們也常被塑造成擁有強大魔力，並將魔力用來加害於男人，如《希臘神話》（*Mythology*）中有一群上半身是女人下半身是鳥類的怪物賽倫（Sirens），專門以美妙的歌聲誘惑、催眠水手們將船開去撞山壁或往漩渦前進，使得有許多驍勇善戰的戰士們因而喪失性命，蛇髮女妖梅杜莎（Medusa）所具備的法力更爲強大，她可以將任何直視她眼睛的人變成石頭；《奧德賽》（*Odyssey*）的女巫色綺（Cirse）同樣也以魔法把 Odysseus 的眾多部下都變成豬。

人！」（Frailty, thy name is woman!）將意志不堅的、懦弱的、易受傷害的形象全都加諸在女性身上。同樣的，臺灣文學中也時常透露厭女的心態，尤其是帶有警世意味的作品，都將女性冠上懦弱的、邪惡的、水性楊花的印象，再將那些不符合傳統禮儀規範的女性其下場寫成淒慘無比，特別是無法堅守男女防線、為愛失身的女性，其下場不是慘遭男人欺騙、拋棄，就是發瘋、自殺。〔註51〕

　　厭女不只是男性個體對女性的態度，還可擴大到整個社會和文化，翻閱中國歷史皆有「女人是紅顏禍水」的觀念，常將一個朝代的滅亡主因歸咎在一位女性身上，如商朝的妲己、周朝的褒姒、西漢的呂雉、唐朝的楊玉環、吳三桂一怒為紅顏的傳說更是將明朝的滅亡責任全推到名妓陳圓圓的身上，就連當代導演吳宇森以三國歷史為題材所拍的電影《赤壁》，也將赤壁之戰的主因歸咎到美女小喬身上。也就是說，女性長久以來都被迫背上黑鍋，成為男性指責、遷怒的對象，更是全體男性、家庭和社會的代罪羔羊。嚴格來說，其實女性根本就不用做任何事情，光是她的存在就已經夠觸怒男性了，這點從徐坤泉的《可愛的仇人》可看出一些端倪：「翁姑拌嘴罵媳婦洩恨、丈夫賭負、打老婆出氣、父兄商業做失敗、怨妻賠錢貨、家庭死了人、遷怒女子破月、說是不祥女」。〔註52〕

　　臺灣傳統習俗也充斥著厭女情結，如清治與日治時期臺灣社會曾興起溺女風氣，只要產婦生下女嬰，家人就會將女嬰丟入水中任其溺斃或是遺棄在路邊讓她活活凍死、餓死，雖然官方與民間通力合作成立收養棄嬰的育嬰堂，但依舊無法有效遏止殺害女嬰的風氣。〔註53〕直到後來互換女嬰的「新婦仔」風氣盛行，殘酷的殺女行為才逐漸停止，而「新婦仔」風氣依舊是厭女情結的產物。無論如何，女性本身就是罪惡的源頭，就連女性自己也因長久以來受到家庭、社會的薰陶，不自覺地因擁有女性的身份而自厭、或埋怨上天為何讓自己出身來當女人飽受折磨。

　　David D. Cilmore 從民族誌、西方文學、宗教、心理學等多方探究厭女現象的本質與矛盾之處，發現厭女現象是古今中外皆存在且普遍的現象，並不會因社會文明的程度、宗教信仰或政治體系的不同而消失不見。首先作者從

〔註51〕日治時期的大眾小說時常可見這樣的情節，如吳漫沙的《韮菜花》、徐坤泉的《可愛的仇人》等。

〔註52〕徐坤泉，《可愛的仇人》（臺北市：前衛出版社，1998年），頁65。

〔註53〕李文良撰「育嬰堂」，《臺灣大百科全書》網路版。

南太平洋新幾內亞島的原住民厭女的心態為出發點，試圖從人類學的角度觀看厭女情結的最初本質。他提出原住民男性對女性身體存有兩大恐懼：「敵視女陰情結」和「月經恐慌」，連帶地影響到他們對女性個體的態度。〔註54〕「敵視女陰情結」指的是男性認為女性的生殖器及分泌物是具有「毀滅性邪惡特質」〔註55〕的、致命的且懷有劇毒的，所以美拉尼西亞部落的原住民族普遍認為任何掠過或是接近過女性生殖器的物品，都不能再讓男性使用，如女人若是跨過男人的身體，表示她的生殖器跨過了他，若他沒有即刻進行驅邪的儀式，那麼他的身體就會腐爛；打獵用的弓箭也必須高掛在房屋上方，若是女人靠近、「汙染」它們，就會失去魔力，再也捕捉不到獵物。而漢人社會也有相同的禁忌，女人同樣不能跨過男人的身體、女人的褲子不可以跟男人的衣服一起洗、也不可以披掛在空中，否則會使人在無意中沾染晦氣；女人的衣物也不能放在男人的衣物上方。另外，女人也不許觸碰宗教法器，否則將會帶來惡運或失去效力。

　　「月經恐慌」更是「敵視女陰情結」的核心，女性的經血被視為是世界上最致命、最具毒性、且最骯髒的物質，連帶地處於經期中的女性同樣也是令人害怕的，是需要被隔離的，如班那班那人嚴格禁止經期婦女觸碰男人的身體、衣服與食物，甚至連影子都不能碰到男人，否則男人就會因為吸入月經的毒素而致病、死亡。同樣的，臺灣社會對女人的月經也有所禁忌，普遍認為經期婦女身上「無清氣」，所以不能拿香拜拜、不能踏進寺廟、禁止參與任何與神相關的活動，否則就是對神明不敬，〔註56〕男性觸碰或看見女性的經血便會引來衰運纏身等等觀念，都是建立在經血是骯髒的概念之上。

　　按照厭女情結的脈絡來看，女性深受男性排斥且仇恨，無形中便成為咒罵情境中最常使用的標的物。然而從文學或文化來看，女性不單單作為被咒罵的個體，就連咒罵詞也是經常透過女性來達成咒罵的目的，如「婊囝」、「幹恁娘」、son of bitch 等等，皆是將女性做為咒罵的載體來辱罵他人。露絲‧韋津利（Ruth Wajnryb）認為咒罵語的性別歧視不但出自厭女心態，更出自男人

〔註54〕詳見 David D. Cilmore 著、何雯琪譯《厭女現象:跨文化的男性病態 Misogyny: the male malady》（臺北市：書林出版有限公司，2005 年）。

〔註55〕David D. Cilmore 著、何雯琪譯《厭女現象:跨文化的男性病態 Misogyny: the male malady》（臺北市：書林出版有限公司，2005 年），頁 35。

〔註56〕游淑珺，《女界門風:台灣俗諺中的女性》（臺北市：前衛出版社，2010 年 8 月），頁 89。

對女人的曖昧態度，一方面深受性的吸引，渴求並迷戀女性的身體，但一方面卻又無法克制對女性身體的迷戀，於是產生了恐懼、害怕和不信任，所以只要是與女性相關的詞彙，無論是正面或負面，皆脫離不了性的想像。〔註57〕而與性最為相關的莫過於女性生殖器了，加上文化對女性生殖器的刻板印象，所以她便被視作全世界最惡毒的咒罵語了。

1. 醜化的女性身體

　　女性生殖器不像男性生殖器，會根據不同的功能、效用而有著不同的稱呼，一律是以#12「屄」〔註58〕指稱。有趣的是，女性生殖器的全稱為「tsi-bai」，但簡稱#12「屄」卻是「常用於罵人，是很粗俗的用法」〔註59〕，如用「三八屄」罵不莊重的女人、「青盲屄」罵盲女或不識字的女性、「tsi-bai喙」罵造謠之人等詞彙皆是以女性生殖器為元素。韋津利認為使用女性生殖器達到咒罵效果可能源自於男性自身的畏懼，也許是對女性性徵的未知、對婚姻的恐懼、或是將妻子視為財產，一旦妻子對婚姻不忠，便會造成男性在資產方面有所損失等因素，所以必須透過咒罵詆毀女性特質以減輕自身恐懼。〔註60〕而這樣的觀點，與麥金儂所提出的厭女文化雷同，也就是說，男性一致認為女性就是天性邪惡、淫蕩、「嬈」，容易受到情慾所誘而對婚姻不忠，所以得嚴加管控，還要透過不斷地咒罵將女性形象重複再現，除了期望透過咒罵凝聚成龐大的社會輿論來壓制女性、降低罪惡發生率，同時也希望透過咒罵來紓緩男性對女性性徵的恐懼。

　　除此之外，韋津利還提到言語禁忌的程度會隨著性別而有所不同，經血和陰道等女性相關詞彙會比精液和陰莖等男性相關詞彙更令人害怕、噁心與禁忌。〔註61〕正因如此，女性生殖器官便被蒙上一層揮之不去的陰影，被視

〔註57〕露絲・韋津利（Ruth Wajnryb），《髒話文化史》（臺北市：麥田出版社，2006年），頁172～174。

〔註58〕「屄」在《三六九小報・新聲律啓蒙》中的讀音tsi，但是在《臺灣閩南語常用語辭典》中「屄」字讀為bai，而「膣」字才讀作tsi。為避免因用字不一致而產生混淆，本文一律以《三六九小報・新聲律啓蒙》使用的「屄」（tsi）字為主，羅馬字為輔。

〔註59〕詞條「膣」的解釋出自於《閩南語常用詞辭典》線上版。

〔註60〕露絲・韋津利（Ruth Wajnryb），《髒話文化史》（臺北市：麥田出版社，2006年），頁87。

〔註61〕露絲・韋津利（Ruth Wajnryb），《髒話文化史》（臺北市：麥田出版社，2006年），頁128。

爲是最爲粗鄙、邪惡的物品，不僅帶有濃厚的性交暗示，更被惡意的扭曲變形，如東西方文化皆有取水果桃子的形狀來形容女性的身體部位，只是指稱的部位不同，臺語#13「歪尾桃」是民俗戲曲中用來戲稱女性生殖器的用法，從「歪」一字就可看出女性的生殖器被男性惡意地醜化，而西方文化的 peach, dish 則是帶有性暗示地指稱女性臀部的形狀。

　　除了生殖器官，女性的性特徵——#14「乳／奶」乳房也常被用做嘲諷、謾罵、騷擾女性的元素，如「小枝骨。大粒乳」形容身材纖細卻胸部豐滿的女性、『□〔註62〕#14「奶」二粒鹽肉包。恁某一個#13「歪尾桃」』不但是以肉包子飽滿、軟嫩的意象來形容女性的乳房，後句『恁某一個#13「歪尾桃」』更是聚焦於女性生殖器官之上，以咒罵對象妻子的生殖器是醜陋的、扭曲變形的，達到嘲笑、羞辱咒罵對象的目的。『一枝手愛亂々摸。二粒#14「奶」閣平々腫』描述男性在對女性上下其手的同時，在言語上還不忘調侃一下女性的胸部。『錢無半率。數想摸#14「乳」鄭脚骨』〔註63〕雖是譏諷吝嗇小氣之人也想到妓院尋求感官刺激，但此句背地裡卻展現了即便是再怎麼小氣之人也無法抵擋性的誘惑，甘願花錢買一時的興奮，同時也可看出男性對女性的身體與性的魅力有多麼的迷戀及渴望；另外從「摸乳」和「鄭脚骨」二種觸碰女性身體的方式，可看出日治時期臺灣社會對於女性身體的審美視角是聚焦於乳房和小脚之上的。

　　女性的乳房除了哺育的功能之外，更是外顯的女性第二性徵，會隨著懷孕、哺乳和老化三個因素在外觀上有所改變。女性的乳房由脂肪組織和乳腺組成，脂肪含量決定乳房體積大小，靠皮膚和韌帶提供支撐。尚未生產的女性，乳房呈現半球形，正值孕期或哺乳期的婦女，因爲乳腺增生，乳房明顯漲大，直到停止哺乳後，乳腺才會萎縮。但因皮膚曾被撐大，加上早期乳房護理的觀念尚未建立，於是許多產後婦女在乳腺萎縮後，乳房就會變得鬆垮、無彈性。既使是從未生產過的婦女，也會因爲身體逐漸老化、皮膚無法支撐、脂肪流失等因素，造成乳房的豐滿度降少、體積縮水與下垂。女性爲了替夫家傳宗接代，不但得忍受懷孕的痛苦、承擔分娩的風險，就連身體會滿佈因懷孕生產所留下的印記，如鬆垮的乳房和肚皮、寬大的屁股。尤其是在具備

〔註62〕　□表示原稿字跡不清，無法辨別。

〔註63〕　「率」爲「黜」（lut）爲鬆脫、鬆開之意，「錢無半率」意同華諺「一個錢打二十四個結」，形容人吝於錢財、小氣的意思。「鄭」同「捏」，有捏、捉的意思。「脚」同「跤」。

支撐乳房效果的胸罩、雕塑身體曲線的塑身衣物尚未問世之前，既使以厚重的衣物遮蔽身體，依舊掩蓋不住地心引力、懷孕哺乳和老化等因素所造成的身材變形。

　　然而，女性鬆垮下垂的乳房、寬大的臀部不但不會視爲是成爲母親的榮耀、爲家族孩子的犧牲，反而是老衰的象徵、使女性價值折損的因素。『媠某#14「奶」。未生囝收厝契生了做鼎刷』〔註64〕證明了男性喜愛女性青春身體的程度，文本以「生囝」哺乳爲分水嶺，也就是女性在尚未懷孕之前的體態是十分美麗的，不但皮膚細緻、體態輕盈，身體曲線更是玲瓏有致，甚至有些追求時髦的年輕小姐還會努力妝點自己，如燙頭髮、穿洋裝、使用新式的保養品、噴灑香水等等，對男性來說，青春無敵的女性是很吸引人的、很有市場價值的。

　　但女人結婚生子後，終日受家務牽絆、無法再像未婚前有時間和心力關注自身的美麗，甚至深陷懷孕生子的迴圈之中，於是身材走樣了、皮膚不再像年輕時那樣地細滑、緊緻，但不了解女性的生理變化與心理活動的男性，不但不給予安慰，反而以「黃臉婆」、「柴耙」來戲稱，甚至文本還出現『因娘十二粒#14「乳」治在拖塗』〔註65〕的句子，以母狗生產過度、胸腹部的毛皮鬆弛到幾乎快垂在地上的樣子來嘲諷女人胸部下垂、身材變形的樣子。從上述所比喻的物品：有價值的「厝契」、毫無價值的「鼎刷」、老母狗的形態，皆如俗諺「老牛哺幼筍」、「食幼齒補目睭」所顯示，在男性心中女性的最高價值莫過於青春的身體。

　　俗諺#15「大乳壓細囝」〔註66〕同樣取女人的乳房爲元素，字面意思是胸部太大的女人在哺乳時會把嬰兒壓到喘不過氣來，但深層意義卻是用來形容小人得志、仗勢欺人的樣子，也就是將欺負人的人比做女人，而受到欺負的人則是受胸部壓迫的嬰兒。然而嬰兒長大後就再也不需要爲喝母親的奶水而受到壓迫，所以此俗諺也可用來安慰他人，雖然現在處於弱勢、劣勢，但隨著年齡的增長、人脈勢力的擴張，只要忍耐、努力，情勢總有一天是會被反轉的，甚至隱含「囂俳無落魄的久」的宿命觀念。

　　從上述來看，日治時期女性的乳房不但著重於哺乳功能，更是女性性感

〔註64〕「未」同「袂」，「刷」同「鑢」。

〔註65〕同「個娘十二粒乳佇咧拖塗」。

〔註66〕《實用台灣諺語典》收錄俗諺「大奶矺死囝」與文本雷同，故視爲同俗諺。

的象徵、性魅力的所在，但若是變形或過大，便成為奚落的對象。此外，從男人讚賞、推崇堅挺的乳房與斥責、貶低下垂的乳房的差別言論來看，在男人心中，女性的最高價值是在於青春的肉體。女性堅挺豐滿的乳房是青春的代表，更是性魅力的所在，不但是成為男性注目的焦點，更是男性對女體最為渴望、迷戀的部位。

2. 一個「尻川」兩個世界

　　無論男女皆有臀部#16「尻川／尻穿」，照理來說#16「尻川／尻穿」應與其他身體部位如四肢、五官一樣，皆是中性的詞彙，不會帶有性別歧視的意味才是，如文本『青暝〔註67〕仔作#16「尻川」驗準銃傷』所示，以槍傷傷口與屁股肛門的離譜錯看，嘲諷他人做事態度的不嚴謹；#18「尻川畫獅頭」〔註68〕出自民間傳說，相傳臺南府城地區有一位名為「螿蜍」（tsiunn-tsî）的人，平日好吃懶做且沒有固定工作，薪資所得源自在廟會上表演舞獅賺取微薄的紅包。但他舞獅的方式卻是異於傳統，不但異想天開地請人在他的屁股上畫上獅頭的圖案，還穿著一條在屁股部位挖空的褲子，以屁股權當獅頭、褲子充當是舞獅的身體，他為了賺錢，不惜犧牲形象在眾人面前光著屁股扭動身軀，做出各式各樣舞獅的動作，希望能夠吸引眾人目光並獲得更多賞賜的紅包。由於該行徑過於怪異、滑稽，後可引申為用來譏諷不腳踏實地、卻異想天開地認為自己有一天會賺大錢、發大財的人。歇後語#19「用龍眼核拭尻川／用龍眼核拭脚尻」的字面意義是用龍眼的種籽擦屁股，謎面為「越拭越垃圾」，形容事情越處理越糟。然而，若將#15「尻川／尻穿」套用在性別的脈絡下，卻產生了性別的差異，也就是男性特質的張顯和非男性、女性特質的詆毀。

　　俗諺#20「尻穿栽大炮／尻川栽大燭／尻川栽蚋灼」〔註69〕的字面意義是將已點燃的大炮或蠟燭塞在屁股裡，隨時有爆炸的可能，延申為形容火燒屁股、迫在眉睫、十萬火急的事情。雖然俗諺#20「尻穿栽大炮／尻川栽大燭／尻川栽蚋灼」並不具有性別意識，但創作者卻以「褲內豎燈篙」與「屎抛捾擂

〔註67〕同「青盲」。

〔註68〕《台灣鄉土全誌》收錄有「想欲好趁，劏去學螿蜍仔弄獅頭」的傳說故事，與文本類似。詳見花松村，《台灣鄉土全誌 第七冊（臺南市、臺南縣）》（臺北市：中一出版社，1996年5月），頁46～47。

〔註69〕《實用台灣諺語典》收錄俗諺「尻川掙大砲」、《台日大辭典》收錄「尻川 tsinn 大炮」，皆與文本雷同，故視為同俗諺。「栽」同「檻」，塞、擠的意思，「蚋灼」同「蠟燭」。

槌」〔註70〕等形容男性生殖器官雄偉的句子互為對偶，除了創造出身體部位「屄拋／尻穿」、動詞組「揗／栽」和名詞組「蚋灼／大炮」的對偶，更意喻突顯男性的特質。

另外，若是有人自誇自己的本事與能力，就可以用歇後語#21「尻川幾枝毛看現々」來嘲諷，指的是你的本事有多少是眾所皆知的事，不用在那邊自吹自擂。#22「尻川較壯大南門城壁」〔註71〕應為俗諺「尻川較壯城門」的變體，「大南門城」指的是臺南府城大南門，是清廷為了鞏固在臺勢力、保護百姓及官員性命所建，〔註72〕字面意義是說一個人的屁股比大南門城的城牆還要厚實、堅固，可用來表示個性過於固執、或是形容穩如泰山、不可動搖的姿態或態度。同樣的，創作者也是取「尻川／屄鳥」與「大南門城壁／范進士旗杆」互為對比，認為男性所應具備的身體特質應是下盤穩重和雄偉的性器官。

接著探討#16「尻川／尻穿」置於非男性語意脈絡下的詆毀。民間將女性的#16「尻川」賦予了濃厚的生殖意象，民間相信女生的#16「尻川」越大就代表生育能力越強，所以無論是媒婆還是未來的婆婆，挑選媳婦的首要條件都是看女生的屁股夠不夠大，越大的表示越會生小孩。於是，女性的#16「尻川」不但與生殖器一樣具有生殖效用，同樣也變為詆毀他人的武器。

#24「幹尻川」指的是男性之間的性行為。根據 ONLINE ENCYCLOPEDIA 的定義，性交（intercourse）#23「姦／幹」指的是一男一女為了生育目的所進行的性活動，其方式是男性陰莖進入女性陰道。〔註73〕傳統認為性的模式應是男主動、女被動，所以#23「姦／幹」的施事者（agent）指的是男性，而受事者（patient）則是女性或非男性，如『假#12「屄」賢。無#2「屄」幹』可以拆解成「假賢。屄無屄幹」不但有罵人「假賢」〔註74〕、自以為是、自作聰明的意思，甚至還含有女人生來就是做為男人的性對象的意思，『無#2「屄」

〔註70〕「揗」是提、拿的意思，「擂槌」是杵棒、用來研磨的木棒，可引申為形容人資質魯鈍不通情理。

〔註71〕《台日大辭典》收錄俗諺「尻川 khah 壯城門」，與文本雷同，故視為同俗諺。

〔註72〕詞條「臺灣府城大南門」

〔註73〕原文為："The act of sexual procreation between a man and a woman; the man's penis is inserted into the woman's vagina and excited until orgasm and ejaculation occur." 查詢自 "ONLINE ENCYCLOPEDIA"（來源：http://www.encyclo.co.uk/，讀取日期：2010 年 12 月 23 日）。

〔註74〕同「假勢」。

幹』譏諷一個女人不像個女人，才會沒有男人願意青睞，甚至語意可擴大成因爲沒有男人願意與之發生性行爲，於是她連女人最基本的價值和本份——成爲男人的性對象，都不可能擁有或達成，連當個最低賤的女人都沒有資格，此文句不但是展現了性別歧視——女人的價值在於成爲男人的性對象，更以言語的行爲將女性放逐在男性／人類社會之外。

#24「幹尻川」不同於男女之間的性行爲，指的是雞姦的意思，《楊氏正韻牋》將其定義爲：「明律有嬰奸罪條，將男作女也」〔註75〕，是將男性做類似去勢、閹割的動作。罵詞#24「幹尻川」的語意操作方式是將在一般性行爲裡女性被動接受的模式套用在客體之上，也就是受話的男性對象，說話者先將客體從男主動的位階驅趕至女被動的位階，等同於說話者在謾罵的過程先行將客體男性做去勢、閹割的動作，於是說話者與客體的身份位階便從男／男平等變成男／非男差異。

換句話說，#24「幹尻川」是以消除客體男性的男子氣概和男性特質來達成詆毀、貶低他人的目的，如『先生高明。#16「尻川」倩我箭芎蕉〔註76〕』正是以#16「尻川」「箭芎蕉」的意象消除受話者的男子氣概；『#24「幹尻川」。搧嘴脟〔註77〕』不只有「幹／搧」動詞和「尻川／嘴脟」身體部位等字面意義的對偶，在深層意義上也同樣都是用來羞辱他人的手段。「搧嘴脟」是摑耳光、打巴掌的意思，傳統社會認爲臉不只是身體面容，更是尊嚴、名譽的所在，所以打耳光不僅是肢體上的暴力，在心理上更會引發自尊掃地、臉面無光的負面情緒。雖說#24「幹尻川」是把客體男性做去勢的想像，但是被詆毀的客體並不會眞正地被閹割、去勢而失去男性雄風，他依然保有自己的男性特質，只要離開那個被辱罵的語言情境，他還是可以回升到原先身爲男人的身份位階。

不同於男性是個體且暫時性地受到侮辱，#16「尻川／尻穿」置於女性的語意脈絡所表現出來的侮辱卻是針對全體女性。#25「搖尻川花」有大獻殷勤、阿諛奉承、討人歡心之意，如陳昇〈鼓聲若響〉「若有聽到鼓聲／阮的心情會沉重／踏著不情願的屁股花／全爲你風流的人客兄」〔註78〕歌詞所示，歌者

〔註75〕 詞條「嬰奸」，查詢自《教育部異體字字典》線上版。
〔註76〕 同「請我攜弓蕉」。
〔註77〕 同「喙頓」。
〔註78〕 摘錄自新寶島康樂隊專輯《新寶島康樂隊第六發》〈鼓聲若響〉歌詞。

在舞台上演唱歌曲之際還得擺動肢體、甚至搖動屁股，只為討客人歡心，得到更多的小費或掌聲；除此之外，#25「搖尻川花」還有暗指女人主動找男人、引誘男人的意思，如時任國會議員謝龍介於電視媒體上，公開指責時任高雄市長陳菊到中國大陸溝通「高雄世界運動會」相關行政事務一事，是#25「搖尻川花」的行為，而邀請與中國大陸立場相對的達賴喇嘛與熱比婭來臺灣舉辦活動，更如同「一个查某人去佮別人通，通一擺轉來再佮翁好」〔註79〕，批判陳菊的種種行為等同是一個出軌外遇、與人通姦的不忠妻子的行為。由此觀之，女性的#16「尻川／尻穿」與男性的男子氣概是不同的，不但與性連接，更牽涉到「嬈」、淫蕩、不忠、出軌等負面觀感。

『藝旦藝旦#26「尻川夾火炭」』中的俗諺#26「尻川夾火炭／尻川挾火炭」為歇後語「尻川挾火金姑──佯生」的變體，應是創作者為了尋求旦（tuànn）／炭（thuànn）的語音趣味，才將「火金姑」用「火炭」取代。原歇後語的「火金姑」是螢火蟲，而「睒星」與「佯生」（tìnn-tshinn）同音，「睒」指用肛門夾住物品的動作，而「星」是會發光的物體，指「火炭」或「火金姑」，而「佯生」則是裝生疏、裝不懂、裝蒜、假糊塗、故意裝成一問三不知的意思。創作者將此俗諺附加熟悉情欲的藝旦，寫成『藝旦藝旦#26「尻川夾火炭」』、『藝旦#26「尻川挾火炭」』兩句，藉著「佯生」暗罵最熟悉男人的妓女卻假裝清純、不識人事的假模怪樣。『假識屄知。青暝看告示』為歇後語「青盲看告示──看無」的變體，「看無」是看不懂的意思，所以『假識#2「屄」知』應該也有「看無」的意思，『識#2「屄」知』應是指擁有性知識的女性，但卻在句前加了罵人假裝、逞強的「假」字，於是『假識#2「屄」知』就變成罵女性自以為對性很了解，但實際上卻是不了解的、懵懵懂懂的。從上述兩句歇後語的意義和內容可以看出男性對性對象的矛盾態度，他們一方面要求妓女具備服務男人性需求的能力，但一方面卻限制良家婦女擁有性的知識，不但不支持婦女追求性知識、還認為她們所擁有的知識是假的、不對的知識，甚至認為擁有過多性知識的女性是淫蕩的女性。

最後，對句『#12「屄」鬼對#27「屄神」』顯示性別霸權的分布情況，生

〔註79〕此話摘錄自謝龍介於「2100 全民開講」節目，筆者已將臺語用字做了修改。相關新聞內容參見《蘋果日報》〈粗鄙藍議員批陳菊「搖屁股」〉（2009.10.20），查詢自「蘋果日報網站」（來源：http://tw.nextmedia.com/applenews/article/art_id/32028852/IssueID/20091020，讀取日期：2010 年 12 月 20 日）。

殖器#12「屄」／#2「屄」與形而上的鬼／神概念所組成的對偶，不但將男尊女卑的觀念轉架到神與鬼的位階差異，更以外形的比對來展現陽具崇拜和厭女情結，「憨屄」的「憨」隱含大的意思，指的是男性生殖器是越大越好，而「歪屄」的「歪」卻醜化女性生殖器，將女性生殖器與醜陋、噁心的意象連接在一起。

三、拐著彎的髒話

　　髒話雖有助於抒發不滿的情緒、減輕心裡壓力、侮辱詆毀他人、拉近社交距離、消弭階級差異等作用，但它所帶來的負面效應卻是更為龐大的。由於臺語髒話中的「垃圾話」部分，其構成元素經常是與性相關的禁忌詞素，如「姦」、「tsi-bai」被認為是低級的、粗鄙的、猥褻的話語，且違反社會禮儀道德規範，不但使聽眾或讀者感到震驚、驚恐、尷尬、噁心或覺得被冒犯。更重要的是「垃圾話」如同雙面刃，當你使用這些言語傷人的同時卻也在傷害自身形象，於是人們開始尋找一種迂迴、委婉的咒罵方式，不但可照常使用「垃圾話」來咒罵，而且也不會折損自身的形象，甚至還富含趣味性，藉此沖淡聽眾或讀者對於「垃圾話」的震驚程度。而迂迴的「垃圾話」的作法在《三六九小報‧新聲律啓蒙》共有兩種方式，一種是將以啓齒或令人不安的詞彙以別的詞彙取代，另一種則是用符號取代。〔註80〕

　　生殖器官不但是人體最為私密的部位，同時也與性密切關連，一般人會因害羞而難以啓齒，於是便使用其他的方法替代指稱，其中以動植物名稱來代稱生殖器是十分常見的作法，如俗諺「三條茄毋值一粒蟯」正是以植物「茄」（kiô）代稱#1「屄鳥」，以動物文蛤「蟯」（giô）代稱「tsi-bai」。以器物代稱的例子也有不少，如《台日大辭典》收錄「淺鉢」（tshián-puah）、「煎盤」（tsian-puânn）、「扁籠」（pínn-láng）都是女性生殖器的戲稱。

　　除此之外，以符號取代「垃圾話」元素的方式也很常見，但僅限於書面呈現方式，如辭典、書報，目的是希望透過隱蔽部份元素的方式，限制咒罵的行為或是降低「垃圾話」的強度。舉英語的 fuck 為例，將元音 u 以星字號

〔註80〕迂迴的髒話形式當然不只本文所指的這二項，還包括了委婉語（如現代年輕人以「他奶奶的熊」取代「他媽的」、「去你的」或「去你媽的」）、發音變體（如網路用語 pu／puma 是臺語「破猫」phuà-bâ 的變形）、保留禁忌字詞的音（如英語 shit 的[ʃ]音會被保留後重塑成 sugar 或 shoot 的音）等等方式。

或連字號取代的方式最先是出現在辭典之中，〔註81〕寫成 f**k、f*ck 或 f-ck
的形式，而辭典編纂者相信元音的隱蔽會使讀者無法發音、讀出這個字的音
讀，於是咒罵詞 fuck 的強度就被削弱而不再使讀者感到震驚或被冒犯。但髒
話是約定俗成的，讀者閱讀 f**k 這個字的時候，不但不會因為星字號的遮蔽
而不知道"f**k"就是"fuck"這個字，反而更對這個字會更加地注目、感到好奇，
甚至還會試圖讀出這個字來，換得一點咒罵的刺激。

　　同樣的，《三六九小報・新聲律啓蒙》也使用了#28「X」〔註82〕、#29「XX」
和#30「○」三種符號來標注與身體相關的「垃圾話」，不但藉此避免觸及社會
語言的禁忌，同時也給予提供讀者一個廣大的想像空間。雖然以符號取代的
方式成功地阻擋了「垃圾話」直接躍於文本之上，讀者卻依然能從文本的對
應詞組尋找蛛絲馬跡，試圖挖掘出掩蓋在符號底下的「垃圾話」。

　　《三六九小報・新聲律啓蒙》率先使用符號遮蔽「垃圾話」的人是趙雅
福，他同時也是使用最多符號的創作者。他經常以「屄」、「屍」、「潲」等元
素創作，但有時卻會使用符號來取代「垃圾話」，這種創作的不一致狀況十
分有趣。舉「潲」為例，趙雅福曾寫下三次「食潲」〔註83〕，但在「袂生撲
損人兮 X」的句子中卻將「潲」以符號取代，難道是因為作者認為粗話「食
潲」的「潲」和男性精液的「潲」是不同的物品？還是認為這兩個字放在不
同語境下，所展現出來的骯髒程度會有差異？再舉女性生殖器「tsi-bai」為
例，他不止一次寫下「屍」與「屄」的對應，如「歪屍對憨屄」、「假屍賢。
無屄幹」，但是卻在「恁某 XX 弄籐牌」句中將「tsi-bai」用「XX」取代，難
道作者認為全稱「tsi-bai」比「tsi」還要不雅、粗鄙嗎？若能深入探究作者
意識或是取得更多文本作為參照，應該更能發現更多當時代人們對於「垃圾
話」的定義。

〔註81〕　1785 年所出版的 *Classical Dictionary of the Vulgar Tongue* 辭典中收錄"fuck"這
　　　　個字，但卻是以"f**k"的方式呈現，韋利津認為這是一種「逃避策略」：一方
　　　　面收錄"fuck"一方面卻又讓人看了也無法發音，試圖清除"fuck"這個字的禁忌
　　　　程度。詳見露絲・韋津利（Ruth Wajnryb），《髒話文化史》（臺北市：麥田出
　　　　版社，2006 年），頁 99。
〔註82〕　在《三六九小報・新聲律啓蒙》共出現 11 次的#28「X」，但其中一個詞彙「X
　　　　禿」指的是用來罵和尚的「賊禿」一詞，並非與身體相關的「垃圾話」，故便
　　　　將此詞彙排除不列入「垃圾話」的計算範圍。
〔註83〕　趙雅福的用字是「食精」，在此為求用字一致，故將「食精」以「食潲」一詞
　　　　取代。

#28「X」可以替代精液「潲」（siâu），如指責不孕婦女的『不中用袂生撲損人兮#28「X」』，「不中用」（put-tiòng-iōng）是「無路用」、沒有才能、像廢物一樣的意思，也就是說，女人結婚後一直無法懷孕，不但浪費了男人寶貴的精子，也因爲她無法生孕，無法發揮身爲女人的最高價值，更是被視作是無能的廢物、沒有產值的米蟲。而『食X望高蔡。放屎閣爭礜』的對句與『食潲〔註84〕著去望高蔡』的元素相同，故研判此處的#28「X」指的是「潲」，「潲」（siâu）與「蔡」（liâu）押 iau 韻，而「食潲」與「放屎」也呈現「食／放」的動詞組對應和「潲／屎」的名詞組對應。

「潲」除了有精液的意思，加在罵詞或戲詞後則有表示不愉快、不合理的意思，還可做爲加強語氣之用，如「衰潲」（sue-siâu）一詞是以「潲」強調「衰」的程度，有運氣不好、倒楣到極點的意思；「啥潲」（siánn-siâu）則是把疑問詞「啥」變成帶有不悅、挑釁的口氣，如「你是咧看啥潲」、「講啥潲」等。有趣的是，「食潲」還會根據上下文語境而有些許差異，如男女對唱歌謠〈日頭出來點點金〉：「日頭出來點點金哦／阿妹仔出來扛點心／點心扛到田頭倒／阿兄你敢會食潲無」，〔註85〕歌詞中的「食潲」指的是「食點心」、「食飯」的意思，將「食」這個動作加上了粗俗、粗魯、帶有土味「潲」字，展現了臺灣鄉土的生命力；而在〈火車欲行〉中「食潲」則是帶有不悅、衰運的意思：「火車欲行港尾寮／去到塗獅仔分吔雙啊條／一賽婧娘仔予人揀了了啊／剩這些醜娘仔欲食潲」，〔註86〕歌詞描寫男人怨嘆自己遲遲無法成家是因爲漂亮的女生都被別人娶走了，只剩下一些他看不上眼的、外形不漂亮的女生，所以用「食潲」來調侃自己運氣不好、無法娶到漂亮的老婆。另外在客語裡也有「食潲」一詞，是罵人不明事理或是比喻事情失敗的意思，較偏向罵詞用法。〔註87〕

#28「X」也指稱男性生殖器「屌」，如文本『驚#28「X」愫梳大頭鬃』應爲「驚屌莫梳大頭鬃」，用來譏諷女性在性事方面刻意討好男性卻弄巧成拙、引發男性不悅的意思。「大頭鬃」爲臺灣早期婦女的髮式之一，原先流行於風

〔註84〕同「潲」。

〔註85〕胡萬川，《蘆竹鄉閩南語歌謠》（桃園市：桃園縣文化中心，1999 年），頁84。

〔註86〕黃哲永，《東石鄉閩南語歌謠（二）》（嘉義縣：嘉縣文化，1997 年），頁112。

〔註87〕江淑娟，《客語形象詞的文化探討》，國立中央大學客家研究碩士在職專班碩士論文，2010 年 7 月，頁 91。

月場所，後來一般女性也開始競相仿效。〔註88〕作者使用「大頭鬃」的意象來指稱良家婦女不但在妝容打扮上模仿娼妓，就連在性方面也想要學習娼妓的手法來討好男性，但卻因對於性的害怕或害羞（「驚屄」），甚至是沒有經驗不知該從何著手，不但無法像娼妓一樣提供好的、愉快的性，反而讓男性感到失望、甚至還會因爲逸出良家婦女的形象，招致被羞辱、被責罵的下場。『驚#28「X」慘梳大頭鬃。無空免激世家底』後句意思同於「無孔閣欲激猴管」，指沒有錢的人因爲怕被他人瞧不起，所以刻意裝出一副很有錢的樣子；此對偶還可以看出創作者特意將女人在性方面的假裝與男人在身份地位的假裝兩件完全不同的事情牽連在一起，可見創作者認爲男人最在意的是還是自己的面子問題，而女人最在意的則是夫妻之間的關係。

　　『後母#28「X」。表子嘴〔註89〕』的#28「X」應爲「媌」，原指娼妓，後也用來罵行爲不檢點的女人，「後母媌」是子女在後母背後講壞話的行爲。有趣的是，「媌」這個專門用來罵女人的詞彙卻被趙雅福用「X」字取代，可見在他心中「媌」這個字的負面效應是很大的，甚至是比「屄」還要粗鄙、下流、「垃圾」，所以他不敢也不願直接書寫出來，只能用「X」代稱。此外，#28「X」也可取代#23「姦」（kàn），如文本的『去護#28「X」。來現搜』除了是以「去／來」、「姦／搜」的動詞組對應，「去護姦」是詛咒女性被人強暴的意思，不但張顯女性貞節與「嬈」的對比，同時也顯示了男性是如何看待女性：女性生性就是「嬈」、渴望性的，而身爲女性最重要的工作就是要服務男性。

　　#29「XX」分別指稱女性生殖器「tsi-bai」和男性生殖器「屪鳥」，同樣有濃厚性別歧視的意味，如『#29「XX」開嬈嘴在哈南風』的「嬈」指的是女性生殖器，而「南」與「男」（lâm）同音，也就是說此句將女人定位在淫蕩的、著重於性的、對男人是十分渴望的樣子；『裂給#29「XX」双平獻。〔註90〕看了#29「XX」顛倒糾』，從前句關鍵字「裂」和「双平獻」（指切成兩塊的肉）來研判此句應是描寫女性生殖器的外觀，而後句的「看了」和「顛倒糾〔註91〕」應該是述說當男性看到女性生殖器後，不但瞬間對性的美好想像完全破滅，

〔註88〕阮昌銳編，《台灣的民俗》（臺北市：交通部觀光局，1999年）。另於《交通部觀光局訓練教材網》有電子全文（來源：http://admin.taiwan.net.tw/e-learn/，讀取日期：2010年12月20日）。

〔註89〕同「媄囝喉」。

〔註90〕同「裂子 XX 雙爿獻」。

〔註91〕同「勼」，爲縮小、收縮的意思。

甚至還覺得女性生殖器是醜陋的、難看的、噁心的、可怕的，以致性致全消（屄鳥顛倒糾）。從上述兩句來看，男性不但認為女性生殖器是醜陋、噁心的，女性生性更是淫蕩，一天到晚老是惦記著男人，這心態恰巧呼應第四章所討論關於「嬈」的概念。

『#29「XX」看作守隘門』的「隘門」（ài-mn̂g）為臺灣傳統特有建築，是為了保護街庄聚落安全所建的防禦性設施，〔註92〕隘門只在白天開啓，到了夜晚則是關上大門，只留下一個門孔做為監視之用。在處的「tsi-bai」應是取夜晚的隘門留下一個小孔的意象來比喻女性生殖器的外貌，從緊閉大門、不知道在看不見的門後藏有什麼東西的神祕意象便可知男性認為女性生殖器是未知的且帶有恐懼的。〔註93〕

除了大門之外，「籐牌」〔註94〕也被拿來類比為女性生殖器，如『藝旦尻川挾火炭。恁某#29「XX」弄籐牌』和『靑暝件作尻川驗準銃傷。謊神查某#29「XX」弄做籐牌』，「籐牌」（tîn-pâi）指的是籐製盾牌，圓形且中央向外隆起，狀似龜殼或貝殼，於是文蛤「嬈」、「籐牌」便女性生殖器官有著同樣的印象。此外「籐牌」是防禦用的武器，作者將女性生殖器比成抵擋他人攻擊的武器，可能是指在性的過程中奮力抵抗男性、不願配合的女性；再從上句「藝旦尻川挾火炭」是用來罵在性事上裝清純、裝被動的妓女來看，男性心中所認定女性生性淫蕩、生來就是要讓男人「姦」的刻板印象又呼之欲出了，於是只要稍微不配合演出、不願或拒絕與男人發生性關係的女性，就會被罵成是「漚梨仔假蘋果」、「落翼仔假在室」，一切都是裝出來的。

從趙雅福的作品來看，#29「XX」不僅可指「屄鳥」，如『#29「XX」合竹竿平長。面皮比城壁較厚』再度顯示男性對生殖器大小的迷思，同時也是「tsi-bai」代指，如『彼個那屄鳥。恁某的#29「XX」』，從「屄鳥」與「tsi-bai」皆被遮蔽的情形來看，男女生殖器官在粗鄙的程度上依舊是有所區分的。從『彼個那屄鳥。恁某的#29「XX」』來看，同樣都是生殖器，男性的「屄鳥」

〔註92〕閻亞寧撰「隘門」，《臺灣大百科全書》線上版。

〔註93〕男性對女性生殖器的恐懼感在西方原住民文化之中是普遍現象，認為女性陰道是通往死亡、衰敗的道路，甚至有文化認為女性的陰道裡面長滿了利齒，等著咬斷男性的生殖器；或是以為女性陰道的裂縫是一把專門閹割男人的剪刀。詳見 David D. Cilmore 著、何雯琪譯《厭女現象：跨文化的男性病態 Misogyny: the male malady》（臺北市：書林出版有限公司，2005 年），頁 56～67。

〔註94〕同「籐牌」。

就能光明正大地躍於文本之上、可被書寫下來的，但女性的「tsi-bai」卻只能被符號掩蓋、無法見於世人，可見作者認爲「tsi-bai」比「屄鳥」還要「垃圾」、不雅，更是社會語言的禁忌，所以他無法或不敢白紙黑字的寫出來。

最後，符號#30「○」是由署名剃刀先生的洪益坤所用，爲『吊乳打腹肚。牽#30「○」拭尻川』，前句「吊乳打腹肚」〔註95〕的字面意義是指女性的胸部下垂至腹部，以胸部下垂的情形來嘲諷女性的老化現象，而後句「牽#30「○」拭尻川」的#31「○」指的正是「屄」，以生殖器的長度來炫耀男性雄風；矛盾的是，同樣都是以長度做爲對比的標準，女性的乳房就是老化的代表，但是男性的陰莖卻是男性特質的展現。

#30「○」在《三六九小報・新聲律啓蒙》中顯得相當可疑，除了它不同於#28「X」和#29「XX」，是以#30「○」方式出現，同時它也是《三六九小報・新聲律啓蒙》最後一則含有「垃圾話」元素的作品。〔註96〕難道是洪益坤爲了降低「垃圾話」的震驚程度，特意將「屄」以符號取代？但洪益坤之前的創作作品皆是使用符號#28「X」，爲何在最後一篇作品之中會將常用的#28「X」改成符號#30「○」。難道是身爲編輯群之一的他因爲《三六九小報》長期受到審查機制的壓迫，刻意以#30「○」的特殊符號來表示被打壓的不滿？〔註97〕其中原因究竟爲何著實耐人尋味。

四、小 結

本節以生殖器爲構成元素的「垃圾話」做爲觀察對象，發現它會根據所使用的性別詞彙和文本脈絡而展現出截然不同的結果，而這樣的結果又可依循臺灣社會的性別霸權與性別宰制的實況劃分成陽具崇拜和厭女情結兩種心理層面。就《三六九小報・新聲律啓蒙》來看，與男性生殖器相關的「垃圾話」普遍聚焦於生殖器官的大小和強度，因爲男性生殖器不但與性能力、男

〔註95〕同「吊奶拍腹肚」。
〔註96〕發表於《三六九小報》第 477 期，距離廢刊第 479 期還有 2 期。
〔註97〕《三六九小報》雖標謗不涉時事，但還是曾受到審查機制的刁難，如第 165 期由蕭永東所寫的〈詩壇〉就曾被臺灣總督府警告，編輯群隨及做出下列聲明：『第百六十五號本報詩壇惠稿中。有未妥之處。受當局一部分之禁止。是亦編輯上之注意不及。致阻讀者佳興。實屬遺憾之至。此後當益加小心從事。以副各位之望。』從編輯者小心略帶恐懼的語氣來看，審查機制的高壓籠罩著是爲《三六九小報》帶來不小的影響。詳見〈編輯餘滴〉，《三六九小報》第 166 期（昭和 7 年 3 月 26 日）。

子氣概、自信尊嚴、社交地位相關，又有傳宗接代、光宗耀祖的功能，所以不但不具負面意義，就連文本脈絡也幾乎是圍繞在陽具迷思當中，強調男性的尊貴地位，更不斷地張顯誇大不實的男性性特徵。但同樣是生殖器官，女性生殖器的語意卻是充斥著性的意味和負面歧視的意涵，甚至「tsi-bai」還被視爲最粗俗、最惡毒的咒罵語彙，與男性的「羼鳥」有著天壤之別。

從文本來看，女性一次又一次地被醜化，除了可追溯至男性普遍的厭女心態，還可從男性對女性身體與性事懷抱著強烈的迷戀心態來分析，於是女性生殖器便被男性定位在醜陋的、神祕的、邪惡的、具有毀滅性的且致命的，必須透過一次次的咒罵詆毀來減輕對於女性生殖器的恐慌與降低自己對性的迷戀。此外，不同性別的生殖器官所展現出的不同語意，也可看出長久存在於臺灣社會的性別歧視與性別宰制情形，也就是男人是如何看待女性，而女性對男人而言究竟是什麼？

女性是生育的工具，所以無法生育的女人就是不中用的廢物；再者女性是男人發洩性欲的性對象，在性行爲之中，女性只能處於被動的接受狀態，否則就會被視爲是性經驗豐富、人盡可夫的妓女；但若拒絕迎合男人，就會引來一連串不堪的辱罵和污蔑。然而，極爲矛盾的是，男人一方面壓制女人，不許她們主動表現出對性的愉悅，一方面卻又一致地認爲女性就是天性淫蕩、對性有強烈渴求，而且容易受性欲所誘而犯淫戒，於是便以「嬈」的咒罵來壓制女性並醜化、扭曲女性生殖器，企圖藉此凝聚一股龐大的輿論來圈限女性的作爲。

第三節　咒罵形式——「欲死著初一十五，欲埋著透風落雨」

無論是在字典、辭典或歌仔冊、歌仔戲等民間文學中，「夭壽」、「短命」、「路傍屍」等詈罵詞彙皆是標記爲女性專用，而蕭永東也曾說「婦人罵子女。每用惡毒的言詞。親像罵夭壽仔。路傍屍。斬頭。蓋糞箕仔。裹草蓆仔。皆是恨伊的子女不早死」，[註98] 於是證明了「咒死詈罵」（tsiù-sí lué-mā）類詞彙的使用者通常是女性。然而，爲何早期女性偏愛使用這類詞彙，難道是因

[註98] 蕭永東（古圓）〈秋鳴館苦笑錄·想着就錄〉，《三六九小報》第136號（昭和6年12月13日）。

爲她們沒有受過教育，所以比較爲粗俗嗎？還是如蕭永東所說，女性的咒死
詈罵「不過是一時怒氣所發洩的歹嘴而已」〔註99〕嗎？筆者認爲在這些「歹
嘴」的背後應該有著更深層的意涵，於是本節便以《三六九小報·新聲律啓
蒙》所出現的咒死詈罵詞彙爲觀察對象，企圖解析其構成元素，爬梳蘊藏於
咒死詈罵詞彙下的動機，和咒死詈罵的運作方式。共出現 16 個詞彙，累計詞
頻爲 0.194%，如下表 5-3 咒死詈罵相關詞彙表所示。

表 5-3 咒死詈罵相關詞彙表

#	主 要 詞 條	總詞數	釋 義	音 讀	異用字	異用字詞數	來 源
1	嗾姦鄙	1	用最惡毒的話罵人。	tshoh-kàn-kiāu			1
2	該死	3	當然著死。／自責或罵人的話。	kai-sí			1/2
3	海無盖井無欄	2	罵人趕快去跳井跳海，死了算了。	hái-bô-kuà sínn-bô-nuâ	海無攤井是無蓋	1	7
4	食盡用盡敢會到尾續自盡	2	罵人家揮霍無度，乾脆揮霍光了再去死算了或是錢財花光了只好自殺了事。	tsiáh-tsīn iōng-tsīn kám-ē kàu-bué suah tsū-tsīn	食盡者自盡	1	7
5	死囝	1	對囡仔的罵詞。／臭小子、死孩子。咒罵小孩的用語。	sí-gín（-á）			1/2
6	盖糞箕	2	未成年人死亡時不能葬在有墓龜的墳墓之中，只能將遺體用畚箕掩蓋著。	kám-pùn-ki	篏糞箕	1	*〔註100〕
7	夭壽	1	少年早死，短命，夭折。	iáu-siū			1
8	短命	3	（1）早死；夭死。（2）女的罵詞。	té-miā			1
9	夭壽短命	2	短命鬼。詛咒人短命早死的用語。	iáu-siū-té-miā			2

〔註99〕 蕭永東（古圓）〈秋鳴館苦笑錄·想着就錄〉，《三六九小報》第 136 號（昭和
6 年 12 月 13 日）。

〔註100〕 陳亮岑，《高雄縣竹子寮窯業生活空間變遷研究》，南華大學環境與藝術研究
所碩士論文，2003 年，頁 80。

10	路傍	1	女人罵男人的話。	lōo-pông		1
11	狗拖	1	死後會被狗拖哦。婦人的罵人之詞。	káu-thua		3
12	狗拖短命路傍屍	1	女人罵男人的話。	káu-thua té-miā lōo-pông-si		1
13	食在許肚死在許路	1	罵飲食浪費的人。／吃在肚子裏，死是在路邊，棺材是在狗的腹中。譏罵浪費食物的人。	tsiáh-tī he tōo sí-tī he lōo		1/3
					小計：16/8265；詞頻：0.194%	

一、女性咒罵的動機

　　從上表詞彙所使用的元素，如「死」、「自盡」、「屍」，可以看到咒死詈罵類的詞彙多取死亡意象爲構成元素，然而無論是男是女都會死亡、也都害怕恐懼因死亡所帶來的厲鬼作祟，但爲何咒死詈罵的人經常是女性，不但用「夭壽短命」來詛咒男性，有時也會詛咒自己，如「死死的較快活」、「我來去死好矣」，或是「我哪會這歹命，死死的好矣」呢？〔註101〕筆者欲從死亡所帶來的結果：個體消滅與現實解脫兩方面探討。

　　死亡是與生命互相對立的概念，更是人類消失最徹底的方式。人一旦死亡，無形的精神、魂魄會散去，就連有形的軀殼也會逐漸腐爛敗壞，終將化爲塵土而消失不見。最重要的是，死亡是不可逆的現象，死掉的人是不可能再次以原本的樣貌出現在陽間。再者，死亡代表的是與現世的脫離，無論是生理的疼痛還是心理的苦痛，只要人一死，自然就能夠從這些現世的磨難解脫出來。也就是說，詛咒他人死亡是希望他徹底消失，當壓力的來源消失了，那麼自己也就能夠不再受欺壓，而詛咒自己死亡則是希望自己能夠脫離現世，不再受折磨。

　　上一節性別歧視相關詞彙中，我們看到在性別宰制論點下的女性，除了是從屬於男性、受男性掌控的集體成員，更是父權壓迫下的受害者。由於所有權力、勢力皆被男性所掌握、把持，女性不可能也無法逃脫由男性所形塑

〔註101〕這些話語到現在還是時常可聽到，如臺語連續劇中當年紀較長的女性想要威脅自己的丈夫或小孩時，便會說出咒死自己的話語，想要以死亡來達到脅迫他人的目的。

出來的刻板印象。更重要的是，男性拿「性」做為支配、操控、甚至是傷害女性的工具及手段，並將性行為「姦」扭曲為：由於女性擁有「嬈」的本性，所以「淫蕩」是集體女性的常態，於是乎，男人「姦」女人、女人被男人「姦」（無論出於意願與否）便被認定為是天經地義、理所當然的事情。〔註102〕男性不僅在身體行動上把持著「姦」的主控權，也因為只有男人擁有「姦」的能力與權利，所以「姦」及其相關詞彙便被納入男人語的語用範疇，如「姦」與「姦恁娘」的罵詞、極盡所能地醜化女性的身體，指稱女性生殖器是「歪尾桃」和「歪屄」，甚至以「嬈」的概念限制女性所有舉動。

　　極為不公的是，全體女性在身體、心理及言語等各方面皆承受了男性如此暴力的對待，卻遍尋不著任何可以做為反擊的武器。在先天條件上，女性的身材、體形與力氣遠遠輸於男性，假使女性勇於反抗男性，其攻擊力度對男性應該也是不痛不癢的；而後天的養育過程、社會觀感又將女性的地位置於男性之下，並豢養於家的私領域中，女性得視男性為高高在上的天、得心悅誠服地接受男性的控管，並且得活在隨時有被拋棄的恐懼陰影之中。既使女性對男性暴力相向的忍受程度已達臨界點，巴不得能親手拿把刀子將加害男性殺死、或是以毒藥毒死男性，但是真正具備膽量殺害他人性命的人，其實是少之又少的，除了殺人是重罪的法治觀念之外，兇手本身也會因殺人而心神不寧，或是受制於亡魂索命的鬼神觀而有所顧忌。

　　既然在現實生活中，女性無法用實際行動將她的敵人殺死、一吐冤氣，只好朝著語言方面尋找情緒的出口。在先天不足、後天又失調的情況下所能找到與男性的「性」相抗衡的詈罵元素，也只有「死」了。因為死亡代表的是個體的徹底消滅，當女性受到男性的欺侮、不公平的對待、肢體暴力的威脅，心有不滿卻苦無投訴管道，只好藉助咒死的言語行動將敵人一舉消滅、殲滅以發洩怒氣。另外，女性不像男性握有權勢，可以利用這些權勢來威脅別人，如丈夫可用離婚來威脅妻子、父親可用斷絕經濟來源來威脅子女等，但女性並沒有可做為威脅他人的武器，只能以自己或他人的性命做為威脅手段。

　　於是咒死詈罵的詞彙便自動歸為女人語的語用範疇之中，女性遇到任何

〔註102〕這種謬論依舊存於當今的兩性關係，尤其是「女人說不要就是要」的觀念，常讓男人誤以為女人在嘴巴上雖然說不要、或是直接以實際行動婉拒其邀約，但在心裡面卻是要的意思，所以不但造成男人無法正確判斷女人的意願，更讓女人深陷性侵害的危機中。

需要咒罵的情境，無論是罵丈夫、還是在管教孩子，抑或是純粹的情緒宣洩，這類詞彙便會自然而然地、不加思索地脫口而出，成爲女人的口頭用語。如在《千江有水千江月》中，作者安排兩位農婦討論八卦，其中一位婦人在爲這件小道消息做評論時，並不是講出自己的心得或感想，反而是隨口說出一大串咒死罵罵的詞彙：「夭壽仔，夭壽死囝仔，路旁屍，蓋畚箕仔，捲草蓆，教壞囝仔大小，死無人哭」，〔註103〕藉此表示自己對此消息的意見。

二、咒死罵罵背後的宗教觀

#1「噪姦鄙」〔註104〕是指用惡毒、粗俗的話語罵人，而最惡毒的話莫過於詛咒他人死亡，《台日大辭典》將「咒死罵罵」（tsiù-sí lué-mā）解釋爲「女人咒譏罵人」〔註105〕的意思，也就是將咒罵他人劃分在女人專有的行爲底下。《閩南語常用詞辭典》將「咒譏」（tsiù-tshàm）解釋爲有埋怨數落和用惡毒的言語辱罵他人兩種意義，另外，《國語辭典》將「詛咒」解釋爲「用惡毒的言語詛罵，或祈求鬼神降禍他人」。也就是說，咒死罵罵類的咒罵，原先是以召喚或祈求超自然力量，將某種不好的事情加諸於特定對象之上，如死亡，來達到傷害、殺害他人的方式，後來演變成爲「人類呼喚神靈前來爲自己服務的言語行爲」〔註106〕，也就是在「象徵層面行使暴力」，求助於形而上的力量且語帶威脅的，使用惡意的言語侮辱、咒罵特定對象，以達情緒抒解的目的。〔註107〕

詛咒生效的時點大多是置於未來而非詛咒的當下，如咒人「去死」是希望特定對象於未來某一天受到鬼神的懲罰而失去性命〔註108〕。文本以「閻羅王注要護伊三更死」〔註109〕說明了生死之事是由比人類更高階的存在所主宰的，不是渺小的人類可掌控的。簡而言之，咒死罵罵指的是藉由召喚或祈求

〔註103〕蕭麗紅，《千江有水千江月》（臺北市：聯合報社，1981年），頁60。

〔註104〕同「警姦撟」。

〔註105〕原文爲「女人咒詛罵人」，「咒詛」應同於「咒譏」。

〔註106〕李炳澤，《咒與罵》（中國大陸河北省：河北人民出版社，1997年8月），頁8。

〔註107〕露絲‧韋津利（Ruth Wajnryb），《髒話文化史》（臺北市：麥田出版社，2006年），頁150。

〔註108〕相關論點請參閱露絲‧韋津利（Ruth Wajnryb），《髒話文化史》（臺北市：麥田出版社，2006年），頁31。

〔註109〕同「閻羅王註欲予伊三更死」。與華語俗諺「閻王叫你三更死，誰敢留人到五更」雷同。

神的力量、超自然力量或邪惡的力量達成侮辱他人、抒解情緒的言語行爲。

　　#2「該死」是自責或責備他人「應該著死」、「當然著死」，藉由詛咒某人死亡，以言語行爲將對象驅逐於現世之外，抒發不滿的情緒。俗諺#3「海無蓋井無欄／海無攤井是無蓋」〔註110〕的「蓋／蓋」指的是「崁蓋」蓋上蓋子的意思，而「欄／攤」指的是圍欄杆之意，此俗諺的字面意義是說大海和水井的上方不但沒有蓋子，就連周圍也沒有任何由金屬、竹子或木條所組成的欄杆。也就是說大海或是水井都沒有任何阻礙，所以被罵對象無論是想要去跳海或是跳井自殺，都不會有人阻攔，意思是暗示對方快點去死、或是用「怎麼不去死一死」的反問口氣來咒罵。除此之外，此俗諺是以跳海投井而亡的死亡意象所組成，而民間相信因水難而死是不得好死的方式，亡者不但被排除在祖先的晉升道路之外，更淪落到無所依歸的野鬼、厲鬼，只能滯留在案發原地「掠交替」，直到下一個亡魂出現，並取代他的地位，才能夠進入到正常的死亡系統，〔註111〕或是藉由子孫爲其舉行「牽水轙」儀式幫他超渡，將亡魂從水中牽引出來，才能進行後續祭拜事宜。〔註112〕

　　#4「食盡用盡敢會到尾續自盡／食盡者自盡」以「食盡」、「用盡」與「自盡」的進程來斥責不事生產、揮霍無度的人，並咒罵他們自我了斷、以死謝罪，其核心是圍繞著家族傳承的理念，民間認爲身爲子孫理應盡力維護祖先所留下來的祖產，並世世代代傳承下去，損耗家產或是變賣家產的作爲則是大逆不道的重罪，而那些不事生產且揮霍無度的人更是被視爲敗家子、「了尾仔囝」，是會遭受眾人唾棄的。

1. 違背壽終正寢的咒死內容

　　從喪葬禮俗的內容來看，漢人社會所追求的死亡方式是「壽終」與「正／內寢」，認爲唯有享盡天年且於家中自然死亡才算是最正常的方式；若不具備上述條件的其他死亡情形皆會被劃入「非壽終正寢」的範圍，而民間相信「非壽終正寢」死亡的亡靈無法在第一時間依循正常管道通往家族祭祀體系，接受陽世子孫祭拜，得需要族人、子孫爲其舉辦一系列特殊的喪葬儀式，才得以回歸至「成爲祖先」的路途。舉客死異鄉爲例，民間相信在家範圍以

〔註110〕「蓋」同「蓋」。《實用台灣諺語典》收錄俗諺「井無崁蓋海無欄」，與文本雷同，故視爲同一俗諺。
〔註111〕參見詞條「掠交替」，《臺灣閩南語常用詞辭典》線上版。
〔註112〕參見吳碧惠撰「牽轙」，《臺灣大百科全書》線上版。

外地方死亡的人，他的魂魄會停留在原地不知道回家的路，成爲無人祭拜的
野鬼，家屬須延請道士至出事地點「引魂」，誦經超渡亡魂並將其牽引至神主
牌上，才能引領亡魂至靈堂前以便進行後續喪葬事宜。也就是說，「非壽終正
寢」與「成爲祖先」的信念相抵觸，是不好的死亡方式。

　　若族人沒有好好地安頓亡靈、引導亡靈回歸死亡系統，那麼亡靈便會基
於報復或怨恨之心作祟於鄉里，進而引發各式各樣可怕的後果，如使家人生
病、家運衰敗、甚至會在鄉里附近「掠交替」、找尋替死鬼。民間相信意外死
亡的亡靈會在原地徘徊，只要有活人路過此地，他們就會製造與自己死亡的
相同情境與方式，如溺水或上吊，使他人死亡以便抓取其魂魄，如此一來原
本的亡靈便能進入死亡系統，前往陰間接受審判，而被害死的亡靈只好留在
原地，等待下一個活人出現。俗諺「死人有出無入」和「冷喪無入莊」說明
了早期臺灣文化十分忌諱「非壽終正寢」的死亡，認爲在外死亡、客死異鄉
者，包含病死和橫死的情況，其屍體及棺材皆不得進入村莊或群落，更不得
移入家中，因爲他已經成爲會作祟害人的野鬼了，只能在莊外搭起棚子進行
停屍與治喪事宜、或寄放在郊外寺廟中。〔註113〕這種「壽終」且「正寢」的
觀念依然存在於當今的臺灣習俗中，有些家屬會要求醫院爲臨終者戴上氧氣
罩或接上維生器材，直到死者回到家中置於廳堂之際，才可移除氧氣罩或拔
除維生器材。

　　咒死罵罵的意象經常圍繞在「壽終」與「正寢」的死亡禁忌，如《三六
九小報‧新聲律啓蒙》中取「非壽終」禁忌的咒罵語有：#5「死囝」、#6「盖
糞箕／簸糞箕」、#7「夭壽」、#8「短命」、#9「夭壽短命」和；以及取「非正
寢」的禁忌來詛咒對象在家範圍之外死亡，如死在路邊沒人理睬、無人收屍
的#10「路傍」、「路傍屍」，皆是違反「壽終正寢」的死亡方式。

　　早期臺灣醫療技術不發達，以致嬰孩夭折的情況很普遍，又加上民間對
於「非壽終正寢」的死亡情形感到害怕並將其歸類爲禁忌，於是嬰孩夭折的
元素便與死亡禁忌一樣進入咒罵的層次之中，如文本的#5「死囝」、『#7「夭
壽」#5「死囝」#6「簸糞箕」』等句，皆是女性咒罵小孩早死、夭死的詞彙，
經常出現在母親管教孩子的情境。#5「死囝」爲「死囝仔」的變體，另有「死
囝仔脯」（sí-gín-á-póo）、「死囡仔災」（sí-gín-á-tse）等類似詞彙，而#6「盖糞

〔註113〕徐福全，《台灣民間傳統喪葬儀節研究》，國立師範大學中國文學研究所博士
　　　論文，1983年，頁34。

箕／簸糞箕」〔註114〕原本是指未成年人〔註115〕夭折的埋葬方式。早期臺灣將未成年死亡劃分在「非壽終」的死亡類別，由於它的情況特殊，不適用於一般正常的制式化喪葬禮俗，不但屍體不能移入正廳，只能放置於偏室護龍，基本上也不能為其舉辦任何祭祀的儀式，如製作神主牌、設置靈堂、延請「司公」、「道士」或「和尚」做法事超渡、建立墳墓、墓碑等等，〔註116〕甚至不得張揚，得私下請他人代為處理，於是不但充滿禁忌與想像，其作法更是多元。

就目前資料可見，處理嬰兒屍體有下列幾種方式，一是只能埋在形同「畚箕」的小墳墓之下，正規的墳墓須具有「墓龜」，也就是覆蓋在棺木上方，像烏龜形狀的隆起土堆。「墓龜」是只有埋葬成年人的墳墓可以建造，而夭死並非正規的死亡情況，所以覆蓋在棺木上方的土堆只能像「畚箕」一般微微地隆起；〔註117〕另外則是將嬰兒屍體放在「畚箕」中以布覆蓋，之後請 50 歲以上的老人用鋤頭扛至山上掩埋，而盛裝屍體的「畚箕」便直接倒扣在土堆上方。〔註118〕以上兩種方式皆可稱為#6「蓋糞箕／簸糞箕」。有些地方，家屬會直接將嬰兒屍體交給專門處理喪葬墓穴，俗稱「土公仔」的工人處理，找個空地草草埋葬。〔註119〕另外俗諺「死囝仔放水流」也是處理嬰兒屍體的方式，民間相信認為若是不儘快將嬰兒的屍體投入水中讓魚蝦啃咬或是任其漂流，那麼死嬰就會變成嬰靈前來作祟，甚至使產婦今後無法再次懷孕。〔註120〕

#8「夭壽短命」除了是違反壽終正寢的死亡觀，充滿令人恐懼害怕的禁

〔註114〕同「蓋畚箕」。

〔註115〕早期臺灣民間對於「未成年」的定義是男女有別，男生多以 16 歲為標準，而女生多以 10 歲為標準。詳見蕉梧樓主〈不祭幼者〉一文，刊載於劉寧顏主編，《臺灣慣習記事第壹卷下（中譯本）》（臺中縣：臺灣省文獻委員會，1984 年），頁 204。

〔註116〕雖然民間有不祭拜夭折孩子的習俗，但有些富豪之家依舊會幫他建立牌位、供奉香花；另外，若要為死掉的女孩舉行冥婚儀式，也會為她建立牌位。劉寧顏主編，《臺灣慣習記事第壹卷下（中譯本）》（臺中縣：臺灣省文獻委員會，1984 年），頁 200。

〔註117〕陳亮岑，《高雄縣竹子寮窯業生活空間變遷研究》，南華大學環境與藝術研究所碩士論文，2003 年，頁 80。

〔註118〕參考自林駿華，《馬祖喪葬禮俗研究》，南華大學生死學研究所碩士論文，2003 年，頁 63。

〔註119〕王書偉，《殯葬禮俗「禁忌」研究──以嘉義大林鎮為例》，南華大學宗教學研究所碩士論文，2007 年，頁 123。

〔註120〕王宗仁撰，詞條「死囝仔放水流」，查詢自《臺灣大百科全書》。

忌之外，它同時也抵觸了漢民族對福氣的渴望與期許。由於漢民族認爲長壽才是福氣，許多祝福語都與長壽相關，如「多福多壽多男」祝福他人福分多、壽命長且子孫滿堂，「福壽齊天」、「福壽綿綿」、「福壽雙全」含納福氣與長壽的期許與祈求，「萬壽無疆」、「壽比南山」、「壽山福海」〔註121〕皆是取山海等高聳廣闊且恆久存在的意象來祝賀他人長壽多福，臺語熟語「身體健康食百二」同樣也是祝人長壽且健康、「長命百歲」；與其相反的則是#7「夭壽」、#8「短命」及#9「夭壽短命」，也就是早死、夭折的意思。然而，長壽、夭壽的界定各有不同，如《台日大辭典》收錄「三壽」（sam-siū），並將人的壽命分爲上、中、下三種歲壽，上壽指的是 100 歲、中壽爲 80 歲，而下壽則是 60歲。

　　在此筆者欲取發喪的「訃音」（hù-im）文書格式爲壽命的界定標準：30歲以下用「得年」、「存年」、「行年」或「年」，30～60歲用「享年」，60歲以上便可用「享壽」，若死者是男性則可用「壽終正寢」，若是女性則寫爲「壽終內寢」，而 90 歲以上則可使用「享高壽」、「享嵩壽」、「享耆壽」等詞彙。另外，早期習俗出嫁的女兒必須在原生父母過了六十大壽之後爲期準備壽衣，稱爲「張老衫褲」〔註122〕，而有些老人家在過了 60 歲之後也會爲自己「張老」（tiunn-lāu）、「張嫁粧」（tiunn-kè-tsng），著手張羅自己的後事。可見，臺灣民間認爲長壽的基準點定在 60 歲，若是死於 60 歲以下，就是#6「夭壽」、#7「短命」。

　　基本上，活到60歲的人應該擁有子孫滿堂，也就是說，假使是在過了 60歲就死亡的人，其身後事是可以交給子孫打理的，死了以後也會有孝男、孝女、孝媳或孝孫爲他上香、致哀與舉行一連串正規的喪葬禮俗；然而，短命的人卻不見得能有子孫，可爲其打理身後事。於是#8「夭壽短命」的咒罵語，其背後不只是抵觸「壽終」的觀念，更有祈望特定對象「死無人哭」，死後沒有後嗣祭拜，成爲無主孤魂的意涵。

2. 不得好死且死無全屍的凄慘死狀

　　死亡除了圍繞在「成爲祖先」的期望之外，「不得好死」也是咒死心態的核心，「不得好死」指的是人死後的所有情況，包括亡者屍體的狀態和喪葬禮

〔註121〕上述成語皆查詢自《國語辭典》線上版。
〔註122〕周慶芳、洪富連、陳瑤塘、黃文榮、鍾進添合著，《台灣民間殯葬禮俗彙編》（高雄市：高雄復文圖書出版社，2005 年），頁 127。

俗進行過程。民間相信做惡多端、壞事做盡的人必遭天譴，而天譴則是反映在人過世後的所有異常情況，在此舉俗諺「歹心肝烏腸肚，欲死著初一十五，欲埋著透風落雨，欲抾骨揣無墓仔埔，神主牌仔閣予狗拖去哺」﹝註123﹞爲例。

「歹心肝烏腸肚」是形容壞心腸、滿肚子壞水的人，也就是被罵對象，咒罵者不但向被罵對象下死咒，還祈望他連死後也不得安寧。「欲死著初一十五」是說希望他死亡的日子能在農曆七月初一或是七月十五日，因爲這兩天極爲大凶之日，根據陳主顯的說法，七月初一是鬼門開，也就是成千上萬的餓鬼衝出地獄，前往人間索食的日子，而七月十五則是普度四方鬼神的日子，民間相信在這兩天斷氣的亡魂必定遭受「好兄弟」所害；﹝註124﹞另外還有一說，傳說在初一或十五日死亡的人必定是做壞事、做虧心事做得太多的人。﹝註125﹞

「欲埋著透風落雨」則是以「出山」當天的天候不佳、難以下葬讓死者入土爲安的意象來咒罵死者遭天譴。「欲抾骨揣無墓仔埔」是詛咒死者死後被子孫遺忘，就連要「抾骨」了也找不到埋葬死者的墳墓，於是便成爲無主枯骨、下場淒涼。「抾骨」指的是「人死埋葬數年後，重新挖掘出枯骨，經洗刷、乾燥，以絲線接續後，再裝入骨罈遷葬之習俗」﹝註126﹞，民間認爲「土葬」爲凶、「骨葬」爲吉葬，若子孫沒有舉行「抾骨」儀式將會影響到家族運勢。這句不但是詛咒被罵對象，就連他的後世子孫也被牽連進來。最後，「神主牌仔閣予狗拖去哺」的「神主牌仔」不只是書寫死者姓名，死者的亡魂也依附在「神主牌仔」之上享受子孫的祭祀。而咒罵者詛咒死者的「神主牌仔」被狗叼走，不但是希望被罵對象能夠完全的、絕對的消失於世間，就連在死後世界也無法享受子孫祭拜，與孤魂野鬼的處境類似，甚至還罵到被罵對象的子孫們，暗諷他們是不孝的「了尾仔囝」。

〈三六九小報・新聲律啓蒙〉除了針對死亡方式的咒罵之外，也聚焦於咒罵對象死後的狀態，如文本所使用的#11「狗拖」與#12「狗拖短命路傍屍」，取屍體被狗啃蝕殘破零碎、身首異處的淒慘死狀，甚至還被畜生隨意蹧踏的

﹝註123﹞此俗諺有相當多的變體，如「歹心肝的烏腸肚，欲死著初一十五，欲埋風俗雨，要抾骨揣無墓」、「欲死著初一十五，欲埋著透風落雨」、「歹心烏腸肚，欲死初一十五，出山透風兼落雨」、「歹心烏腸肚，欲死初一十五，欲埋風俗雨，欲抾骨揣無墓」等，筆者是將類似的變體拼湊起來。

﹝註124﹞陳主顯，《台灣俗諺語典》（臺北市：前衛出版社，1997～2009年）。

﹝註125﹞吳瀛濤，《臺灣諺語》（臺北市：臺灣英文出版社，1979年9月），頁614。

﹝註126﹞詞條「抾骨」，查詢自《臺灣閩南語常用詞辭典》。

意象咒人死無全屍、死無葬身之所。「身體髮膚，受之父母，不可毀傷」的觀念不但是「孝」的基礎精神，更影響了民間對於死後屍體的看法，不但要「入土為安」，更得維持屍體的完整性，也就是「保留全屍」的觀念。民間相信遭受外力破壞而有損傷的屍體，不能跟祖先的骨骸埋葬在一起，而他的魂魄同樣也遭到汙染，所以無法進入「成為祖先」的管道、享受子孫祭祀。於是「死無全屍」不僅是咒人死狀淒慘，更是將他排除在正常的死亡狀態之外，詛咒他成為無人祭祀的野鬼。

　　#10「路傍」、「路傍屍」取「非正寢」的禁忌為元素，不但是詛咒特定對象在家範圍之外死亡，更是希望他淪落到死在路邊沒人理睬、無人收屍的悲慘下場。#11「狗拖」與#12「狗拖短命路傍屍」則是以「死無全屍」為元素，以屍體被狗啃蝕殘破零碎、身首異處的淒慘死狀，甚至還以被畜生隨意蹧踏的意象，來咒人死無全屍、死無葬身之所。屍體被狗啃蝕的意象同樣也出現在俗諺#13「食在許肚死在許路」〔註127〕中，此俗諺為「食佇肚裡，死佇路裡，棺柴佇狗腹肚裡」的變體，以人將食物吃進肚子裡面、橫死在路邊、最後屍首被狗啃咬的可怕下場來提醒世人糧食的珍貴，不可輕易浪費糧食，並以死亡的意象來詛咒、罵罵浪費糧食、蹧踏食物的人，希望他們不得好死、不得善終。此外，在地獄刑罰中的「舂臼地獄」正是專門用來處罰浪費糧食、踐踏五穀之人，鬼卒會將罪犯放置於大臼之中，用石杵重重地搗在罪犯的胸腹之上，使其皮開肉綻、肚破腸流、血肉模糊，直到成為肉泥才會被鬼卒拖出，等到罪犯的身體復元之後，便再度將他送進搗舂之中受罰。可見早期的農業社會，人們對土地與糧食是懷抱著感激與珍惜之情。

三、小　結

　　由上述內容看來，咒死罵罵是將敵人殲滅的言語行為，除了希望他死亡、永遠地消失於世上，還祈求他能不得好死、被排拒在正常的死亡系統之外，永世不得超生。在言語行為裡，還有什麼樣的言論比得上詛咒敵人死亡還要痛快、更能抒發自己不滿的情緒呢？也就是說，咒死是所有罵罵語中最惡毒、惡劣卻也是最大快人心、最過癮的話語。本節以《三六九小報・新聲律啓蒙》

〔註127〕《臺灣俚諺集覽》收錄俗諺「食在肚裏　死在路裏　棺柴在狗腹肚裏」，與文本「食在許肚死在許路」雷同，故視為相同俗諺。

的咒死詈罵詞彙爲觀察對象，發現這類詞彙是由「非壽終正寢」與「不得好死」兩種死亡禁忌所構成的。

　　咒死詈罵類詞彙多爲女性所用，本文從性別宰制論點爬梳女性使用咒死詞彙的原因。相較於男性，女性是處於較弱勢且備受壓抑的族群，除了在身形、力氣等先天條件劣於男性，就連後天的生存條件也是男性壓制而無法伸展，男尊女卑、三從四德的觀念迫使女性得臣服在男性之下，而這樣的臣服心態同樣也展現在「性」的行爲與言語上。由於男性長期把持「性」的權力，導致女性在遇到須要咒罵的情境時，無法使用「性」元素的詞彙，只好向上探求比「性」還要嚴肅且攻擊力度強大的主題，也就是「死亡」。於是咒死詈罵遂成爲女性用來咒罵敵人、發洩情緒的言語行爲。

第四節　詈罵用語相關詞彙再現的文化意涵：「性」的 詆毀與「死」的詛咒

　　《三六九小報・新聲律啓蒙》使用了部份排除在嚴肅文學外、大眾輿論禁止使用的髒話，尤其是與「性」和「死」相關的元素更是不斷地再現，不但增加作品的趣味性，同時拉近了知識份子與庶民大眾的距離。除此之外，這些被認爲是猥褻、禁忌的詞彙，不但滿足人們情欲偷窺的欲望，心理的壓力也能透過罵語的使用得以宣洩出來，更重要的是，這些詈罵用語挑戰了社會主流價值與道德規範。

　　我們可以從這些被認爲是粗鄙不堪、冒犯無禮的口語「垃圾話」經由知識份子之手轉爲文字，並透過大眾媒體之力，廣泛地傳播開來，得到下列兩點映證：第一、髒話是語言事實，是眞實存在於現實生活中的話語，而且它與其他的詞彙一樣，都是約定俗成的，又因語言權利是掌控在男性手中，這也就是爲什麼與女性相關的詞彙經常帶有負面意涵，而男性相關詞彙較偏向中性或正面意涵。第二、從傳統知識份子刻意使用符號來掩蓋、遮蔽部分髒話元素的行徑來看，證明了髒話普遍存在每個人的心中，無關乎性別、年齡、教育程度或是社會階級，因爲既使是部分元素被遮蔽，讀者仍然可以透過上下文旁敲側擊，猜出掩蓋在符號底下眞正的字詞與詞彙意義。這也就是爲什麼一個從來不用髒話罵人的人，當遭受到髒話攻擊時，會感受到侮辱且憤怒的原因，因爲不說、不用不代表不知道。

　　《三六九小報・新聲律啓蒙》的「垃圾話」多圍繞著「性」與「死」兩

個議題，證明了「性」與「死」是臺灣庶民文化中，最重要、最嚴肅且充滿禁忌的議題，而以「性」與「死」所構成的詈罵用語，則是罵人力度、冒犯程度最強的詞彙。詈罵用語也銘刻了臺灣人的性別偏見與歧視態度，以及對於死亡的期許和禁忌。《三六九小報‧新聲律啓蒙》詈罵用語相關詞彙共有 54 個，如下表 5-4 所示。

表 5-4 詈罵用語詞彙總表

表　格　名　稱	詞　數	詞　頻
表 5-2 性別歧視相關詞彙表	38	0.46%
表 5-3 咒死詈罵相關詞彙表	16	0.194%
總計	54	0.654%

一、醜化女性身體是謾罵的重要元素

從第三章生命禮俗相關詞彙與第四章處世教化相關詞彙，可看出臺灣的傳統家族觀與社會制度是立基於男尊女卑的性別意識形態，男性是高高在上的掌控者、統治者，而女性只能依附在男性身邊，安份地當著持家有道的「家後」。父系霸權除了以思想（如「三從四德」）、制度（如「女有所歸」）全面地壓制、控管女性的生活型態與所有作為。就連言語行為也是以拉抬男性與壓抑女性為目標，如「某奴」是指家中地位略低於妻子的丈夫，但男性卻可用俗諺「驚某大丈夫，拍某豬狗牛」，將懼內的心態拉抬到是男子漢大丈夫的作為。相較於男性能用語言來反轉自我形象，語言裡的女性形象卻經常被塑造成是負面的、壞的形象，如俗諺「十个查某九个嬈，一个無嬈擋袂牢」直接將「嬈」冠在全體女性的身上，「雞母會啼著斬頭」則是用來恐嚇女性擁有優於男性的才能是一件不好的事情。

除了以「嬈」恐嚇女性，更以「性」做為控制女性的工具，如男性以實際的性行為做為征服、制服女性的手段，在處女情結高漲的早期社會，未婚的女孩被男人強暴，不但無法反擊、請求外力協助，還可能受家族、興論的壓力，被迫嫁給強暴犯。〔註128〕此外，早期臺灣社會認為夫妻之間無所謂「強

〔註128〕1993 年臺灣社會發生「鄧如雯殺夫」事件，震驚社會。鄧如雯 15 歲時被媽媽的男友——林阿棋強暴並懷孕，而後，林阿棋以女性被強暴是不名譽、不光彩的事情，而未婚懷孕更會被別人認為是女性私生活不檢點，會被別

制性交」，因爲丈夫擁有性交的絕對權利，而妻子沒有拒絕的理由，只要丈夫想要，無須過問妻子意願，就一定能達成目的；〔註129〕若是妻子強力抗拒與丈夫發生性行爲，丈夫還可以不覆行夫妻義務做爲離婚的正當理由。

性行爲被認定是男主動、女被動的模式，也就是男人幹女人、女人被男人幹的一種單向的性關係，於是男性得以名正言順地把持住「性」的一切權力，包括眞實的性行爲與「性」的語言。然而，這樣的謬論卻讓女性深陷在動輒得咎的處境之中，使得她們在「性」這件事情上是進退兩難的，無論是抱持什麼樣的態度都是不對的。若是配合、迎合、心悅誠服，就會落入「嬈」的陷阱，若是推托、拒絕，也會引發男人的反彈，認爲女人天生下來就是做爲男人的性對象、性工具，沒有拒絕的理由，甚至會認爲這是女人欲拒還迎的手段。可見「性」的權利是操控在男性手中。

與「性」相關的「垃圾話」傳遞出男性在語言態度上習慣以「性」做爲誇讚自己、拉抬地位的工具。雖然現代科學已經證明懷孕是需要男女雙方的精子與卵子相互結合，才能達成的生命工程，但以父系繼嗣爲主的早期臺灣社會，卻只以爲男性的「羼鳥」具備使女性懷孕的功能，而女性充其量只是孕育胎兒的載體、工具，於是家族傳承的榮光歸於男性，但是生兒育女的責任卻是由女性承擔。這種傳承的觀念同時也落實到現實生活層面，男性被推崇到至高無上、尊榮的地位，男性生殖器的概念也不像對女性生殖器那樣，普遍被認爲是邪惡的、骯髒的、醜陋的，反而能正面或中性的態度看待。又男性生殖器不僅是單純用以傳宗接代的工具，它更與性能力、男子氣概、男性自尊、社交地位等等相連結，自古至今男性莫不以擁有雄偉的生殖器爲榮，就連當代社會依然深陷陽具迷思，如具有壯陽功能的藥品廣告透過媒體不停放送，並常以重振男性雄風、維護家庭美滿的口號吸引消費者購買藥品。這

人瞧不起等種種理由脅迫鄧如雯，鄧家也爲了保全自家名聲和自身安全，將鄧如雯嫁給強暴犯。不堪長期家暴，鄧如雯爲求解脫，不得已只好親手殺了林阿棋。相關新聞詳見黃柏齡、戴榮賢〈法網專題：民國82年忍無可忍的家暴 鄧如雯殺夫〉，《華視新聞》（2010年12月27日），（來源：http://news.cts.com.tw/cts/society/201012/201012270639608.html，讀取日期：2011年2月21日），中天新聞片段「恐怖枕邊人 part 1 鄧如雯殺夫」，（來源：http://www.ctitv.com.tw/newchina_video_c130v29320.html，讀取日期：2011年2月21日）。

〔註129〕這種性關係也可套在嫖客與妓女的身上，嫖客認定付了錢就必須買到性控制和性快感，妓女就是商品、奴隸，阿諛奉承都來不及了，哪還有奴隸違背主人的道理？

種陽具崇拜／迷思同樣也出現在語言層次裡，如用來諷刺他人吹牛、「膨風」的「牽屎拭尻川」、「屌鳥比竹篙較長」，便以男性生殖器長度爲元素、「屌鳥比范進士旗杆」不但是強調男性生殖器的大小、長度，更將牽連至家族榮耀，藉以強調男性是家族的核心、擁有傳承的權利。

按此脈絡推敲，男性不但掌控了性行爲，也剝奪女性的性自主與選擇權，藉此得到「性」的快感，文本也顯示，在語言系統裡，「性」也能做爲攻擊、謾罵他人的元素。男人無視於詈罵對象是男是女，只要遇到需要謾罵的時候，自然地會拿「性」元素做爲攻擊的武器，尤其是經常以醜化女性身體部位與性行爲的意象來得到詈罵的快感、達到情緒宣洩的最大值。從文本來看，在詈罵詞彙中最常被醜化的女性身體爲乳房、生殖器與臀部三大女性特徵，顯示生育是女性最重要的職責，也展現男性對女性身體與性的迷戀。

男性藉由女性部分身體的醜化與扭曲的想像，來詆毀個體的全部，包含身體、精神，也就是使用了「以部分取代全體」的觀念，如「歪尾桃」是以「歪」的想像先將女性的生殖器官醜化，一旦部分被醜化了，連帶地使得被罵對象整個人都跟著醜化，進而達成侮辱的目的。隱含有連最私密、最不爲人知的身體部位都是醜陋的、骯髒的、不可見人的，那麼你的全身上下還有那裡是好的、可以見人的、值得人家稱讚的地方。

二、死亡是最能強烈表達情緒的詈罵詞

性行爲不但是男／女、主動／被動、宰制／臣服的對立關係，也與男子氣概、男性雄風相連結，因爲只有眞正擁有男子氣概的男人才能做出「姦」的行爲，而被「姦」的對象除了女人之外，就是沒有男子氣概的男人，所以「姦」便具備消除被罵對象的男性特質以達詆毀、貶低目的。隱藏在「姦」的言論底下、沒有說出口的是「我姦你、你予我姦」的語言行爲，是把自己提升到較高的宰制地位上、將被罵對象置於較低的臣服位階，於是「姦」便成爲我控制你、我的地位高於你，而你是被我控制、受我欺壓的人。

男性以「性」做爲罵人的工具，無非是想要證明自己的地位是高高在上的、擁有控制的權力，既使無法眞正使用性的暴力逼迫他人臣服自己，也要在口頭上提升或鞏固自己的地位。然而，男性也深受性的吸引，不但對性事十分著迷，同時也渴求、迷戀著女性的身體，但又害怕過度的性會損害自己的身體，於是在無法自我克制的情形之下，只好極盡所能地詆毀、醜化女性

生殖器，來降低自身對性的渴望。重要的是，男性一致認爲女性就是天生淫蕩、「嬈」，容易受情欲所誘而不忠於婚姻，於是只好透過咒罵女性及其生殖器，企圖形成一股龐大的社會輿論壓力來壓抑女性。也就是說，男性拿「性」做爲全面掌控、支配及傷害女性的利器。

相較於男性尊榮不凡的無上地位，女性卻被極盡所能地扭曲、醜化，連帶地使與女性生殖器相關事物的語意也多偏向負面。於是，當女性在遇到需要詈罵的時刻，尤其是罵的對象是男性的時候，比較找不到足以攻擊或反擊的武器，因爲女性無法像男性一樣可以使用「性」元素來罵人，如「三八 tsi」、「破猫」的「三八」、「tsi」與「猫」所指涉的對象都是女性，若以這些醜化女性身體的「性」元素來罵人，非但達不到詆毀他人的效果的，還可能使自己落入咒罵的窘境中；也無法以扭曲、醜化男性的身體來做爲罵人的詞彙，因爲男性生殖器相關詞彙並沒有「垃圾」到足以構成詆毀的程度。再者，「性」的主控權爲男性所掌控，「姦」的能力與權力又是專屬於男人，連帶地使得與「性」相關的咒罵語納入男人語的語用範疇中，也就是說以「性」爲構成元素的咒罵詞只有男性才能使用，因爲女性無法做出「姦」的動作，自然也不能在言辭上以「性」的語意達成咒罵他人的效果，只好向上尋求比「性」更嚴肅、攻擊力度更強大的主題。

不同於「性」元素的性別侷限，「死」的咒罵語所使用的範圍與對象是較爲寬廣的。死亡不但是與生命相對的概念，更是最爲絕對的消失方式，咒罵敵人「去死死咧」、「去跳海」比咒罵他「去予人姦」還要過癮。「死」的詈罵元素圍繞著死亡禁忌，以「非壽終正寢」和「不得好死」兩大觀點爲核心，換言之，死亡的詈罵詞彙取材自臺灣人最希望的死亡方式：「善終」與「好死」，祈望死後能順利地依循正常管道朝「成爲祖先」之路前進。於是「非壽終正寢」成爲咒死詈罵詞彙中的主軸，如「夭壽短命」不但取「非壽終」的概念咒人早死，更是一舉將特定對象排除在正規的喪葬禮俗之外，帶有「死無人知」、「死無人哭」的意涵，咒罵特定對象成爲無主孤魂；「海無蓋井無欄」不但是咒罵他人自殺而亡，更希望他因爲「不得好死」而變成可憐的野鬼；「歹心肝鳥腸肚，欲死著初一十五，欲埋著透風落雨，欲抾骨揣無墓仔埔，神主牌仔閣予狗拖去哺」更是以一連串死亡禁忌來咒罵他人「不得好死」，甚至在死後也不得安寧。

另外，臺灣人在起誓時，也會以「出門予車撞死」、「不得好死」的死咒，

藉此表示實踐諾言的決心，在發泄極度不滿的情緒或是用言論來恐嚇他人的時侯，也會使用「規家死了了」、「全家死光光」的死咒，〔註130〕可見「死」可用來表達強列不滿的情緒。女性也經常將咒自己死的話語掛在嘴邊，因爲死亡具有一了百了，無須受苦的作用，咒自己死便有著從苦悶的現實世界解脫的期望。再者，毫無權勢和地位的女性唯一能夠威脅他人的武器，就只剩下自己的性命了。於是咒死便成爲女性發洩不滿情緒的咒罵詞彙。

〔註130〕咒死的情形在現代臺灣社會仍相當普遍，如藝人澎恰恰使用「全家死光光」來表明自我立場，詳見林淑娟〈謝三立怨三立 澎哥一再失控〉，《自由時報電子報》（2005 年 9 月 26 日）（來源：http://www.libertytimes.com.tw/2005/new/sep/26/today-show2.htm，讀取日期：2011 年 2 月 23 日）。詛咒自己及家人死亡的誓言除了用來表示自己的清白，咒他人死的言論更是含有極度不滿、憤怒的強烈情緒，詳見王榮祥〈咒鄰全家死光光 老翁挨告〉《自由電子報》（2010 年 12 月 12 日）（來源：http://www.libertytimes.com.tw/2010/new/dec/12/today-south16.htm，讀取日期：2011 年 2 月 23 日）。）

第六章 結 論
——臺灣庶民文化的時代顯影

　　本論文以《三六九小報・新聲律啓蒙》為研究對象，借助「漢羅臺語文斷詞系統」之力，先將文本的對偶結構打散，聚焦於詞彙本身和其他相應詞彙，藉由剖析詞彙的字面意義與深層意義並參照當時代的其他文學作品、工具書，了解文本的弦外之音以及釐清日治時期臺灣的人文現象。本篇論文從生命禮俗、處世教化與詈罵用語三大詞群，觀察日治時期傳統知識份子使用何種詞彙，與如何使用、拼湊這些詞彙，以達召喚儒學思維、凝聚臺灣意識、形成文化抗日的氣節與目的。本文試圖從具有批判意識的詞彙，爬梳傳統知識份子究竟是抱持何種態度來看待時代巨變下的臺灣，從生命禮俗和處世教化相關詞彙的再現，推演出當時代臺灣社會的真實面貌，最後從詈罵用語來總結在男尊女卑的文化下臺灣社會對男、女究竟是抱持著何種態度。

　　日治時期的臺灣受到社會主義、民族自決等思潮影響，各個民族運動、文藝團體紛紛成立，意圖啓迪民智。這股風氣也吹進了文學界，知識份子創作大量文章並刊登在報章媒體之上，於是藉由大眾媒體的大量複印與快速傳播之效，使得新思維、新觀念得以在臺灣母土之上遍地開花。知識份子為了文學典律和場域之爭、為了自我的理念互相辯論，進而激發出燦爛的火花，1920 年代更是引發新舊文學論爭，新舊知識份子各自針對文學的價值與作用提出自我獨特的見解，為臺灣文學注入了一股新的活力。

　　1930 年臺南府城地區的傳統知識份子出於一股對漢文學文化存亡的熱情和憂慮創立《三六九小報》，全報以漢文出版，於昭和 5 年（西元 1930 年）9月 9 日創刊，直到昭和 10 年（西元 1935 年）9 月 6 日第 479 號後廢刊，歷時5 年之久，共發行 475 期。雖標榜只談風月不論時事，但仔細爬梳其內容，依

舊可看出《三六九小報》富含對時事的關心和憂心，張顯傳統知識份子所肩負的文以載道的責任與良知。以趣味詼諧、嘻笑怒罵的創作態度又不失嘲諷暗喻的針砭筆法表達對文化層面的關懷與社會現實層面的關注，使用以古喻今的隱喻、諷喻手法來批判陋習、揭發時弊，期望透過文章能達到匡正社會風氣、挽救世道人心的效用，企圖以無用之用、軟性力量穿透殖民高壓霸權，延續臺灣文化命脈。

《三六九小報》雖未直接參與新舊文學論爭，討論鄉土文學、臺灣話文等相關議題，卻以實際的文學創作來呼應、實踐鄉土文學的理念，《三六九小報・新聲律啓蒙》是根據臺灣話文的概念所量身打造的獨特作品，仿照傳統漢學專門訓練格律、對偶與聲韻教科書《聲律啓蒙》的格式所作，集傳統與創新於一身。《聲律啓蒙》對臺灣傳統漢學教育具有一定的影響力，日治前期曾受過漢學教育的學生都應曾朗讀背誦過《聲律啓蒙》，身為漢學教師的林珠浦更是指定《聲律啓蒙》為基本教材，後因應教學所需又自創《仄韻聲律啓蒙》並印刷出版廣為流傳，開啓臺南地區詩學風氣。另外，坊間也出現各式各樣變體，只取其格式為骨架，其內容卻逐漸脫離傳統詩學美感與空泛，轉而貼近社會現實層面。

《聲律啓蒙》變體的出現表示傳統知識份子並非新知識份子所誤認的只會做些吟風弄月的詩詞，他們與新知識份子一樣也在思索該如何開拓臺灣文學之路、如何展現文學的價值；從《聲律啓蒙》變體短文的內容來看更能證明傳統知識份子積極地走入民間、與民眾貼近的決心。《聲律啓蒙》的變體形式在《三六九小報》蔚為風潮，不但帶動當時代的漢文創作風氣，更為臺灣文學保留了珍貴的史料。

《三六九小報・新聲律啓蒙》以傳統詩學革命意識為出發點、取臺灣庶民文化特質為創作元素、並以臺語日常用語為創作語言。此專欄滿足了當時代臺灣漢文學界對漢文訓練、文化傳承的需求，證明了臺灣話文理念的可實行性，推翻臺語有音無字的刻板印象。同時也保留了臺灣的庶民文化特質，以價值觀與文化體系證明臺灣人與日本人是不同的民族，因而打破了同文同種的同化現象，具有區辨自我與他者的作用；並將臺語口語做了文字化的處理，不但實踐了臺灣話文的理念、保留了珍貴的臺語口語史料，更打破臺語有音無字的刻板印象。《三六九小報・新聲律啓蒙》共有 36 位文人共同創作，刊載總數更高達 469 篇，不但是與《三六九小報》相終始的專欄，更是廣受好評的專欄之一。

　　從創作語言來看，雖然當時代臺語用字系統尚未成形，沒有可供參考的依據和工具書，但創作者還是成功地將臺語口語系統轉爲文字書寫系統，以臺語漢字創作《三六九小報‧新聲律啓蒙》。由於它具有講究音韻、對偶的特性，所以音韻是幫助讀者朗讀、記誦與獲得趣味性的重要關鍵，於是如何維持文字和語音的連結十分重要。創作群借助漢字標注音讀的方式，降低創作難度以及減少閱讀障礙，除了解決形音義連結的問題，也突顯出臺語語言的三大特點：方音差、文白異讀與聲調。

　　《三六九小報‧新聲律啓蒙》屬於拼盤式短文，內容聚焦於臺灣文化萬相，不但是傳統漢文學脫雅入俗的代表性作品，更使得臺語語言化俗爲雅，從口語傳播的地位提升到書面文字的地位。從內容來看，它是一個兼具俗雅的載體，不但講求傳統詩學韻律美感和文以載道的淑世教化精神，援引中國傳統文學經典與歷史人物、臺灣史地與特產和漢醫藥學知識做爲創作元素，更是臺灣庶民生活及文化的展演平臺，生命禮俗與信仰、庶民文化及其價值觀、或是抒發情感之用等詞彙，也滿佈於《三六九小報‧新聲律啓蒙》之上。更重要的是，它反映了日治時期臺灣社會的面貌、保留了傳統漢文化與民俗史料，並打破臺灣總督府的同化迷思，進而凝聚臺灣意識，找尋民族與自我認同，達到文化抗日的目的。

　　本文從生命禮俗和處世教化相關詞彙探討日治時期臺灣的各種文化現象。漢人社會以宗法立國，注重家族血脈傳承以及愼終追遠的觀念，進而發展出一系列喪葬禮俗，陽世子孫必須謹守一系列嚴肅繁複的禮俗，才能安頓亡者靈魂並幫助亡者進入祖先系統，得到家族的身份認同、享受萬世祭祀。喪葬禮俗對亡者來說是身份的過渡和轉換儀式之外，對家屬來說，不但是用以表達對亡者的關懷和懷念之情，透過儀式的舉行，不但能不斷提醒自己亡者己經離開人世的訊息，還能夠藉由儀式得到抒發與慰藉，並且重新安排家族身份職能位階。另外，喪葬禮俗也顯示了死後世界與審判的可怕景象，向生者傳遞因果輪迴的天理規範，提醒世人諸惡莫作諸善奉行。傳統相信在人的世界之外還存有一個鬼神世界，而鬼神世界與人的世界福禍相依，於是民間發展出了一套針對無主孤魂的祭祀制度，此套祭祀制度不但促使「新婦仔」文化盛行，更將普度儀式推向狂歡與競賽兼具的嘉年華會。

　　性別意識形態將人分爲男性和女性兩種性別身份，並依其性別設定了一套與之相應的既定模式，如思想意識、生活型態、宗教科儀及人身禁忌等等

皆存在著男女有別的區分。父系繼嗣系統又將男性和女性劃分爲具有上下之分的統治階級和從屬階級，以男性爲主軸的宗祧制度賦予男性傳承的權利與義務，傳承的範圍廣大，包含家族姓氏、財產以及聲望的繼承與延續。相反的，「女有所歸」的信仰使女性從出生的那一刻起，就注定被排除在原生家族之外，不但沒有任何繼承權利，連家族身份認同與歸屬感都得遊移在不同的夫系家族之間、須依附在不同的男性身份之上才得以取得。簡而言之，「未嫁從父，既嫁從夫，夫死從子」的三從觀念剝奪了傳統臺灣女性做爲一個擁有自我主權的個體身份。由於「文以載道」的觀念所致，《三六九小報‧新聲律啟蒙》重新召喚儒學的道德倫理禮儀思維，並重申由「祖先-子孫」的血脈連結發展出祖先崇拜爲支架的家族結構，試圖重建失序的家庭、社會倫常規範，以及匡正世道人心。

婚姻是人生大事，不僅是個體身份的轉變，更是家族傳承的開端，所以得到雙方父母所認可婚姻才稱得上是正統婚姻關係，相較之下，當時代基於個人主義所提倡戀愛自由、婚姻自主的新興觀念便被認爲是道德敗壞的開端。對男性來說，結婚的目的是爲了傳宗接代，延續家族的香火，透過婚姻及生子，將自身的兒子身份加上丈夫和父親的角色，完成傳承重任。但對女性而言卻是個人取得家族身份與歸屬感的唯一管道，唯有透過結婚，將「在室女」的身份轉換爲「新婦」，並生下繼承人後才能在死後得到享祀。又因女性具有孕育子嗣的生殖功能，孩子血緣的正統性又關連到家族的傳承，所以女性的貞節是父系社會之中最注重的女性價值。「女有所歸」的信仰加上貞節價值的強化作用，讓全體女性被迫成爲賢妻良母，女子教育更將重點放在如何將女性教育成父權意識底下的完美典範：舉止高雅、富有教養、待人處事溫柔嫻淑、謹守三從四德，並著重貞節保有與家務操持技巧，欲將女性塑造成孝順翁姑、相夫教子、勤儉持家的妻子典範。

從《三六九小報‧新聲律啟蒙》來看，女性存在的價值是於成就男性，無論爲了解決經濟問題、維護家庭和諧或是受命運觀所牽制，女性自生至死都得要被迫犧牲自我，以換取男性和父系家族的福祉。例如男性的名字承載了家族的期望，但女性的名字卻是帶有父母對於養女兒無奈和生兒子的期許，而出養的情況也是男女大不相同，「新婦仔」的人數遠比「契囝」來得多。女性出嫁之後最重要的是要爲夫家生下兒子以繼承家業，若是生不出兒子，就得接受被休離的懲罰；若不幸流產或難產，就會被當成是沒有保護好腹中

的胎兒，等同犯下殺人重罪，不但得受夫系家族長輩的責難，死後還得承受地獄懲罰──「浸血池」的磨難。

　　除此之外，臺灣受日本殖民之後，解纏足、現代知識教育和經濟人口的計算三大因素，不但擴大臺灣女性的生活空間，可以外出讀書、工作，更為其開啟一條得以接觸、習得新式文明的管道，進而改變女性的生理、心理及生活模式。同時，中國上海、日本與西方的流行時尚也進入臺灣社會，致使臺灣部份女性率先捨棄傳統的服飾、妝髮，改穿強調身體曲線、體態之美的旗袍、洋裝，足蹬改善女性身長比例的高跟鞋，將一頭烏黑的長髮或剪成俐落的短髮、或燙成嫵媚的捲髮，營造出摩登時髦的形象。

　　但若將新女性形象的出現與《三六九小報‧新聲律啟蒙》滿佈「嬈」的語言暴力互做參照，可看出部份傳統知識份子與庶民大眾對新女性是抱持著反感的態度，一旦被認為是異於傳統婦女的形象，就會被冠上「嬈」的罪名，如恣意展現身體曲線之美的女性被認為是勾引、媚惑男人的妖精、活潑大方的舉止態度異於傳統女性美德，兩性平等觀念違反了男尊女卑的位階之分，力行戀愛自由、婚姻自主則被冠上淫亂、失貞的負面形象。這些「嬈」的女性，不但會危害家庭倫常和血脈正統，更會導致道德淪喪的歪風，於是新女性形象引發傳統保守人士的惶恐，將其視為禍源必須全力防杜，於是指責女性失貞的嚴厲詞彙「嬈」，便成為攻擊、批判、奚落和試圖殲滅新女性形象的思維與語言工具。

　　矛盾的是，當時代的臺灣社會卻也是以「嬈」為號召的風月產業最為蓬勃的高峰時期，風月女子不但深受政商名流、文人雅士的愛戴，以她們為主角的花選活動更是蔚為風潮，引發廣大迴響。換言之，日治時期的臺灣社會為了確保家族血脈純正，將貞節視同女性最高美德，並透過與貞節相對的失貞概念來嚇阻女性，嚴禁女性逸出貞節規範，但卻允許男性沉溺在標榜「嬈」的風月場所之中，享受風月女子「嬈」的嬌媚姿態。

　　雖然女性的新形象飽受欺壓，但在1920、30年代的新女性已經凝聚成一股勢不可擋的風氣，不再像過去一樣，無法承受外在壓力而屈服、退縮或者劃地自限，開始在學業與職場上和男人一較高下，更具有自我獨立的意識，也不再受制於傳統禮教及女性無用論的迷思，勇於探索自己心中的想望、規劃未來的藍圖，並且勇敢、努力地將自我理想付諸實現。

　　《三六九小報‧新聲律啟蒙》的「垃圾話」多圍繞在「性」與「死」。「性」

與「死」不但是臺灣庶民文化中最重要、最嚴肅且最禁忌的議題，同時也是詈罵用語中詆毀冒犯程度最強的元素。有趣的是，與「性」相關的詈罵詞彙是爲男性所專用，而與「死」相關的詞彙則是女性經常使用的詈罵語。詈罵用語會出現如此分歧的結果，原因在於根深蒂固的男尊女卑觀念。高高在上的男性不但在現實生活中把持住一切實質的權力，除了努力將女性貶到最低的地位之外，還不斷地向女性施壓並限制所有行動。就連在性行爲中也要擔任支配者、操控者的角色，除了把持住「性」的權力之外，還強力剝奪女性對於「性」的自主權與選擇權，藉此來得到「性」的愉悅與快感。同樣地，在語言之中，男性仍然以「性」做爲支配操控、攻擊傷害他人的武器，並透過「性」來詆毀他人、拉抬自己，以得到詈罵快感。

女性是備受壓抑的弱勢族群，除了先天條件劣於男性，男尊女卑、三從四德的觀念更是將女性打入萬劫不復的深淵，永世不得翻身。不但在現實生活中得臣服於男性之下，就連在語言層次中，負面的詞彙也充斥女性意象。於是，當女性想要透過詈罵的方式來宣洩心中不滿的情緒時，卻遍尋不著適合的武器，因爲女性無法使用詆毀女性生殖器的詞彙來罵男性，除了男性不具備此條件，無法達成詈罵效果，同時也可能將詈罵的效果反彈到自己身上；也無法使用男性生殖器，因爲它不具詆毀效果，自然無法成爲詈罵詞彙；更不能拿與「性」相關的詞彙，因爲「姦」的能力與權力是只爲男人所獨有，女性無法做出「姦」的動作，自然也不能在言辭上以「姦」的語意達成詆毀、侮辱他人的目的。

於是女性只好使用比「性」的攻擊、詆毀、侮辱的力度更爲強大的主題，也就是「死」。不同於「性」元素的性別侷限，「死」的咒罵語所使用的範圍與對象較爲寬廣。死亡不但是與生命相對的概念，是最爲絕對的消失方式，同時也是最神祕、滿佈禁忌的概念，而咒死並非單純地只是希望特定對象因死亡而永遠地消失這麼簡單，連他死後的狀態也得要一併考慮，尤其是圍繞在非壽終、非正寢和不得好死的死亡，更是咒死詈罵的最高境界。

然而，無論是圍繞「性」或是「死」的詈罵話語，基本上都是被歸類在髒話領域，在用來羞辱、謾罵特定對象的同時，話語本身有時還會回過頭來反咬自己一口，使自己的形象因爲出口成髒而受到傷害，不僅是傷人同時也傷己。身爲知識份子的創作者們其實也知道這個道理，但還是寧願拼了自己讀書人的身份地位不要，也要藉由《三六九小報》的媒體公器，公然地書寫

具有詈罵功用的髒話，其背後的動機有二：挑戰與發洩。

　　臺灣受日本殖民之後，「萬般皆下品，唯有讀書高」的科舉制度被廢除了，不但阻斷了傳統知識份子向政治權力中心邁進的道路，就連自成一格的社會階級秩序也被打亂了，社會菁英、上流人士的身份標籤不再只貼在傳統知識份子的身上，當時代社會的主流價值也不再是傳統儒學思想。而髒話是違反社會規範與禁忌的詞彙，罵髒話則具有直接挑戰社會主流價值的意味。所以身為傳統知識份子的創作者們便以罵髒話來挑戰日本殖民政權，不但要大聲的罵，用最髒的髒話來罵，更透過小報的媒體公器特質，公開地罵給所有的人看。另外，當人受到欺負卻無力抵抗時候，也只能透過詈罵來釋放、宣洩心中憤恨不平的情緒與挫折感，尤其是當所受壓力越來越高時，所選擇的詈罵詞彙也會越來越強烈。創作者用了這麼多最難聽、最猥褻、最冒犯、最惡毒的髒話做為詈罵詞彙的事實，可見在他們心中積壓了大量憤怒、不滿的情緒，必須要用到這麼強烈的髒話才能達到情緒宣洩的最大值。

　　本篇論文著重於詞彙與文化、價值觀系統之間的關連，所用語料共有 322 個，佔據《三六九小報・新聲律啟蒙》總詞彙的百分之四，故忽略了其他同等重要的議題，如用字、用韻、對偶等基礎結構，俗諺與歇後語使用情形，如「虎畫不成畫變狗」與華諺「畫虎不成反類犬」近似，這種不同語言間的對譯方式與使用元素十分有趣，若能逐一比對，應能觀察臺灣人的價值觀、處事風格，與理解事物的方法。此外，若能針對單一作者的創作作品進行細部研究，應可歸納出作者的創作意識、手法與慣習，再與作者的其他作品互做參照，想必能全面性地了解此作者、作品與時代影響，如漢醫藥的文章多由蘇友章所做，若能深入探討，勢必能歸納出日治時期的醫學藥品觀。

附錄 〈三六九小報・新聲律啓蒙〉彙編

第二號 昭和五年九月十三日 倩影

鹹對溢。屪對屎（叶之）。小猫對大猪（叶知）。

合理對不法。强制對維持。

眞狡怪。假慈悲。學究對書癡。

鬪爭呼打倒。檢束爲嫌疑。

凸唱羅梭舊俗語。

尖端改革新名詞。

修成一代之名。有太戈爾。

震動萬人之血。唯馬克斯。

第三號 昭和五年九月十六日 子曰店主

獃對憨。迂對拘。赤鼠對烏牛（叶愚）。

紅姨對白賊。變蚊對生蛆。

臭頭狗。粗皮龜。試火對扒灰（叶夫）。

媒人兼送嫁。和尙弄尼姑。

死人關到變活鬼。

驚某即是大丈夫。

凍到出面。屧鳥頭拾飯粒。

暢無入腹。袴底下畫地圖。

第五號　昭和五年九月二十三日　　子曰店主

　　肥對瘦。識對獸。好趁對賢（叶土）開。

　　大食對細算。有去對無來。

　　毛瑟銃。阿片牌。苦痛對悲哀。

　　藏嬌牛腳屑。得志狗奴才。

　　失敗英雄成草寇。

　　熱狂妓女搶花魁。

　　病有分張。常々嫖客生天炮。

　　哭無下落。獨々孝男打地雷。

第六號　昭和五年九月二十六日　　駕囚

　　龜對鼈。鴨對鵞。馬桶對雞槽。

　　有空對無笋。起皷對開鑼。

　　天丼飯。雪片糕。德國對俄羅。

　　尻穿栽大炮。褲內豎燈篙。

　　揸某盖驚鐵掃箒。

　　土人亂破柴關刀。

　　設美人局。太爲難了妹々。

　　搬番婆弄。行不得也哥々。

第七號　昭和五年九月二十九日　　子曰店主

　　搖對擺。走對趖。戀婿對痴哥。

　　弄獅對戲虎。鳥母對雞婆。

　　答碎（諧嘴）鼓。打破鑼。空暢對虛癆。

　　牙門厚渣滓。家內起風波。

　　賭博郎君買賣賊。

　　迌迌查某膏勞騷。

　　不免驚。腹肚邊安鐵板。

　　眞正險。屑鳥頭磨（音喝）剃刀。

第八號　昭和五年十月三日　　綠珊莊主（用麻雀成語）

　　南對北。西對東。白版對紅中。

　　平和對暗降。五索對三桐。

　　三仙會。一條龍。春夏對秋冬。

無臺食邊搭。有勢贏全蓬。

靑猴搶到賠花刈。

戀虎折對等中空。

一色難成。算點開門無著向。

三環未透。淸牌上手又連莊。

第九號　昭和五年十月六日　倩影（用嫖客成語）

嫖對飲。趁對開。喝拳對乾杯。

行令對出局。食醋對散財。

打手銃。弄被獅（叶土）。巴結對詼諧。

食水新術語。行雨舊陽臺。

冤桶下消愈厚料。

狀元中毒獨掄魁。

愛拔虎鬚。愈拔愈輸眞臭巧。

思（叶土）拾（叶却）猴屎。見拾見着大捷才。

第十號　昭和五年十月九日　六痲　兆平

寒對熱。減對加。白芷對紅花。

鹽酸對曹達。赤芍對丹沙。

雲南桂。靳州蛇。海狗對井蛙。

疎風需荊芥。止嗽用枇杷。

生津補氣人參飲。

止瀉調中神秫茶。

琥珀安神。解熱淸肝羚羊角。

珍珠定魄。補虛益血紫河車。

第十一號　昭和五年十月十三日　子曰店主

你對伊。阮對汝。弄牙對托齒。

缺嘴對鬍鬚。弔睜對拤（音畫）舌。

人疊人。己上巳。煩惱對歡喜。

虱母奢頭蝨。蒼蠅攢屎痔。

註奴才批著拖磨。

盡乳母力拚生死。

掠來活々刣。剝皮袋粗糠。

沒落強々箭（錢平音）。大腸灌尤米。

第十二號　昭和五年十月十六日　　子曰店主

煎對炸。醬對鮭。棗糕對芋泥。

燒鰻對炒鱔。骨髓對網紗。

菊花魚。蘆笋蝦。爛鴿薑〔註1〕香螺。

清湯冬菜鴨。冷胖芛萊鷄。

掛売之芙蓉螃蟹。

剝皮的苣莉水蛙。

八寶丸。五寶飯。第一味參火腿。

頭碗翅。二碗燕。煞尾次出炕蹄。

第十三號　昭和五年十月十九日　　無邪

強對弱。鬪對爭。熱辨對潛行。

宣傳對運動。僞善對虛榮。

深刻化。不平鳴。自治對聯盟。

傾家皆蕩子。富國必強兵。

儒墨相非搬把戲。

勞資爭議起呼聲。

走狗生涯。不過叩頭爲傀儡。

公娼稼業。最憐賣肉作犧牲。

第十四號　昭和五年十月二十三日　　子曰店主

挣對打。掠對挐。毛箭對角車。

牛皮對馬屁。鴨嘴對雞巴。

修指甲。扶屍泡。作怪對撩邪。

無眠能喊虎。打草好驚蛇。

損龜売用翻天印。

掠猫頭叫落地花。

俗賣田園。定々想開戇子弟。

偷夯古井。眞々寃枉大老爺。

〔註1〕原稿字跡不清。筆者推測應爲「薑」字。

第十五號　昭和五年十月二十六日　子曰店主

肥對瘦。脆對鬆。有勢對無空。

行經對走腹。押煞對跳童。

稻子尾。菁仔叢。吐血對孵膿。

麵線紐鴨母。草蜢弄鷄𤸎。

嫺婢挨梯便嘴鑿。

和尚相打扭頭鬃。

假通天曉。後生大先白𡳞（讀去聲）毛。

不展風神。弟子攏總烏𦛨胴。

第十六號　昭和五年十月二十九日　子曰店主

搖對擺。走對飛（叶土）。卜卦對跋筶（叶杯）。

伸𦛨對出手。滾笑對落詼。

留雨傘。放風箏（叶吹）。

刣雞拖木屐。老鼠咬金瓜。

硬心硬肝殺子報。

無仁無義害兄批。

擯汝番頭。總是磚廳袂發粟。

怕伊惡骨。那知屎桶會開花。

第十七號　昭和五年十一月三日　子曰店主

空對隙。骨對髓。連財對合夥。

袂攝對强掙。正經對反悔。

翻田根。分家伙。且鉗對罔擺（叶土音）。

頭前豎旗杵。隔壁噴燈火。

烏吐白吐落牙槽。

七講八講搧嘴胚（叶入音）。

無影無跡。白賊哺舌頭。

有勢有面。紅姨順話尾。

第十八號　昭和五年十一月六日　景山

湯對菜。肉對皮。聚歛對求疵。

唧筒（ポンプ）對轆子（ローラ）。領飼對投資。

結晶罐。分蜜池。銅管對鐵枝。

技師巡過日。職工等候時。

有勢工夫睏中到（讀兜去聲）。

無空苦力續（讀煞去聲）冥期。

熱度過溫。結晶未成糖鍋化。

水烟無磅。能力不足車心㰻。

第十九號　昭和五年十一月九日　子曰店主

酸對凍。哦對哇。小旦對老華。

靑瞑對白瞪。吵鬧對喧嘩。

吐靑膽。着烏疹。雞規對猫狸（叶土）。

尻川生白蟻。頷頸纏烏蛇。

呼雞呼狗來咒咀。

做牛做馬受拖磨。

凶身剖死人。頭毛關到摻鋸屑。

多子誤煞爸。嘴齒打落成米蘿。

第二十號　昭和五年十一月十三日　子曰店主

巴對搧。扳對抽。攬爛對健丟。

崁糁（小平音）對寇管（叶捲）。鬼幹對仙收。

牽牛刈。掠龜溜。搥鬆對疏秋。

臭頭兼破體。缺嘴掛鬍鬚。

大伯頷頸牽草索。

俺嫂袴脚結繡球。

偷討契兄。掠來鑿頭殼。

愛着媎某。拖去摳目睭。

第二十一號　昭和五年十一月十六日　子曰店主

巡（音云）對迌。賭對嫖。作弄對招搖。

眞衰對假暢。格屎對下消。

嗅風味。臭酸調。起坎對發嬈。

狂狗撸屎甕。訬猫拜雞朝。

眞是戀虎咬炮紙。

親像老猴噴洞簫。

欠本事。掠袂着。嗅䏭潲（小土下入）。

盖歡喜。食無餐。捽籐條。

第二十二號　昭和五年十一月十九日　　景山

癀對癢。寫對抄。阮厝對恁兜。

有聲對無影。閉結對撈交。

猪公面。鴨母頭。喊搶對掠包。

牛皮兼賊骨。大肉變䏭梢。

無錢契兄使色水。

假意查某騙戀猴。

盖呆欸。沿路行沿路跟（叶兌去上）。

成難（叶土）講。目潺滴目潺流。

第二十三號　昭和五年十一月二十三日　　子曰店主

扭對拖。爬對搯。三衰對五凍。

屍鬼對𩸞神。尾梢對頭綜。

屎得滾。屁直放。褒搓對痛疼。

目睭吊高々（叶土）。鼻廣格邊々。

行着尻川三版搖。

搧乎嘴䪞双平烘（去聲）。

活々馬縛在許死樹頭。

識々人買一個老酒甕。

第二十四號　昭和五年十一月二十六日　　倩影

圓對扁。缺對全（叶土）。踏板對眠床（叶土）。

腳展對手銃。軟胅對厚臉（叶土）。

箍馬桶。縛人甑（叶土蒸籠也）。烏米對白糖。

訬婊半頭青。病猴滿面黄。

朋友滾笑捕（叶土扶也）後腳（叶土）。

尩某（夫妻）冤家掁下門。

痴哥羮（讀下平精也）扐來巴頭殼。

坎屧子（讀鳥俗音）。罰伊分梹榔（叶土）。

第二十五號　昭和五年十一月二十九日　子曰店主

趖對跳。閃對溜（叶土上平）。哮痛對喊咻。

陷眠對閉思（叶去）。妖孽對冤讎。

鼻凹々（叶土）。面憂々。掠鬃對結毬。

目頭打四結。尻川闢二周。

裂（去聲）給（叶乎）XX 双平獻。

看了 XX 顛倒糾（叶土上聲縮也）。

一個新娘允二個子婿。

三文匼仔栽四文嘴鬚。

第二十六號　昭和五年十二月三日　子曰店主

扶對挺。剝對稽。海鳥對花螺。

僥心對格骨。夭壽對着災（讀臍）。

雞角氣。鴨母蹄。戇直對老脛。

死人無坐卦（罪過俗音）。餓鬼夯重枷。

扐去親像準馬使。

損着敢會做狗爬。

撇樣（叶送）糚水慣食緣投飯。

契兄無情賢掠查某鮭。

第二十七號　昭和五年十二月六日　倩影

打對掙。喊對咻。天體對風流。

弓鞋對碗帽。酒漏對油抽。

茱瓜藤。肉豆鬚（叶土）。

墊（讀站）微（讀去聲潛泳也）對竪泅。

大人着氣概。囝仔無流虬。

柉狗數（叶少）想（叶土）猪肝骨。

老（叶鳥）鼠偷食灯火油。

大手銃真手賤。屪子頭縛麻絭。

登（叶土）愈高跌（叶土）愈死。尻川口必作周。

第二十八號　昭和五年十二月九日　鳳山　字紙籠

圓對扁。屄對屍。損狗對殘猪。

車熊對跋虎。格骨對嘲皮。

青面虎。紅頭驢。米荖對麻糍。

紅姨順話尾。白賊說透枝。

狗咬燈猴不甘放。

猫食幼麵假慈悲。

命有帶來。羊刃長生印綬格。

罵無算數。狗拖短命路傍屍。

第二十九號　昭和五年十二月十三日　子曰店主

日對冥。早對晏。探听對偷看。

天體對母形。尪生對某旦。

假慈悲。眞橫閂。鬖鬚對流涎（叶土）。

脚手縛做堆。神魂走四散。

琢石磨兼摩加刀。

擇紅燈更（叶土）牽中線。

馬奴馬奴目睭給屎糊。

藝旦藝旦尻川夾火炭。

第三十號　昭和五年十二月十六日　子曰店主

笑對啼。入對出。迂拘對矕卒。

戀虎對生（叶土）猴。喊（叶土）仙對活佛。

羅漢脚。乞食骨。人精（叶土）對賊禿。

歸身瘦痿疤。滿肚肥律翠。

假死假活袂曉衰。

無分無會顧喝拂。

無齒獅講來講去噁々抽。

猫姑狸一頭一面全々窟。

第三十一號　昭和五年十二月十九日　倩影

多對少。有（叶土）對無（叶）。趕緊對賢（叶）趖。

騙（讀匾）仙對哄（叶）鬼。勉強對迂迌。

勁々拗。亂々篙（讀下平）。結束對叶和。

茱裡拾（叶却俗音）着肉。棹頂偷拈（叶尼）蚵。

不時喝咈食粒飯。

到處宣傳打破鑼。

無身無屍。鴨稠內無隔冥蚯蚓（叶土）。

現做現報。頭殼頂有值日功曹。

第三十二號　昭和五年十二月二十三日　子曰店主

挨對揀。請對搬。落水對出山。

走廑對跳坎。倒店對續壇。

使硬步。落軟攔。合夥對孤單。

直講直續拍（叶煞朴）。愈學愈倒攤（下平聲）。

不當給人巴頭殼。

敢着伸手摸心肝。

尻川較壯大南門城壁。

屎鳥要比范進士旗杆。

第三十三號　昭和五年十二月二十六日　子曰店主

橫對直。椪對鬆。吐血對流膿。

直噴對假喘。愛哮對賢咚。

尿壺嘴。屎桶枋。倒桯對拖蓬。

有錢鬥夥計。無空尋媒人。

孝男肖想分手尾。

和尚相打扭頭鬃。

娶着青膏某。不困顧蹮被。

嫁給跛跤呸。行路會跳童。

第三十四號　昭和五年十二月二十九日　子曰店主

神對鬼。正對邪。白兎對烏鴉。

謠言對迷信。鐵齒對銅牙。

小氣鬼。大老爺。哄嚇對喧譁。

琢眠猴探井。跌倒馬翻沙。

講話格扒三腳豬。

做事不通双頭蛇。

大聲細說。親像出巢（讀受）雞母。

夭壽短命。汝這路傍狗拖。

第三十五號　昭和六年一月三日　子曰店主

縫對痕。纏對絆（叶土）。好聽對歹看。

趖鹿對吊猿。草丑對花旦。

洗碗己。食飯晏。參詳對評判。

頭前扛香亭。後壁攑涼傘。

兩个攬帶土沙翻。

歸身倒彼屎尿攔（讀去聲）。

細腳查某行路倚壁趖。

大面新娘放尿四界濺。

第三十六號　昭和六年一月九日　里人

痎對癀。倒對梯。下血對漏胎（叶土）。

臭頭對爛耳。缺嘴對駁牙（叶土）。

厚手濕（手汗也）。臭涎（叶仄）醋（音胿）。跛胿對越蹄。

黃孫（叶土）大肚桶。癩哥厚面皮（叶泉土）。

蓋賢（叶土）摋風放屁龜。

眞無路用漏屎馬。

皮膚生沙疥。規身遍々癢。

屎泡發濕癬。双手捷々爬。

第三十七號　昭和六年一月十三日　子曰店主

飲對食。嫖對賭。悔親對背祖。

惡犯對兇身。喊冤對叫苦。

看佛字。講仙古。有聊對無譜。

虎尾溪剝人。鹿耳門寄普。

見做事三衰五衰。

講着話七土八土。

XX開蟯嘴在哈（讀去聲）南風。

尻川畫〔註2〕獅頭去誅西虜。

第三十八號　昭和六年一月十六日　子曰店主

旺對衰。愚對土。賠償對補所。

〔註2〕原稿爲「畫」，應爲「畫」字的誤植。

－259－

　　戀佛對坎神。紅姨對烏虜。

　　行有匀。食無補。樂暢對艱苦。

　　目睭會轉輪。嘴齒在搖櫓。

　　畫龍畫鳳畫土符。

　　講天講地講幻古。

　　婆姐母歹面水。日時親像人暝時親像鬼。

　　先生娘大腹肚。正月生媠甫（叶埔）二月生媠某。

第三十九號　昭和六年一月十九日　　里人

　　油對醋。酒對茶。炒蠘對炸蝦。

　　生蟶對乾貝。粉鳥對水蛙。

　　湯泡肚。醋溜雞。水鴨對田螺。

　　八寶紅蟳飯。一品縖參麋。

　　火腿雞絲和魚莉。

　　香菰栗子燉猪蹄。

　　眞繚草。是阮廚房袂曉煮。

　　免細膩。請恁大家用較加。

第四十號　昭和六年一月二十三日　　子曰店主

　　求對乞。分對討。亂花對潦草。

　　收煞對失神。招搖對煩惱。

　　牽公頭。做中保。歹星對好賓。

　　甲那相公爺。親像婆姐母。

　　孤單品道是孤單。

　　一倒偃乎過一倒。

　　見著厚煙總是扳々呑。

　　食這紅棗乎汝年々好。

第四十一號　昭和六年一月二十六日　　里人

　　強對弱。潑對嬌。起庫對下消。

　　妖精對軟母。樂暢對招搖。

　　痴膏屜。坎氣鏒。大猪對小猫。

　　疑心能生怪。好胆敢拏妖。

眞正歹看着葉（入聲）貼。

無甚好欵免弄撩。

欠空尋媒人。想某想到面繚々。

無錢睏藝旦。吊猴吊着脚蹺々。

第四十二號　昭和六年一月二十九日　聲哥

喊對嚷。哭對哀。公子對奴才。

老生對小旦。能跳對賢篩。

細脚底。大箍猷。無準對應該。

大厝五間起。衙門八字開。

乞食身更皇帝嘴。

賊仔人是狀元才。

作歹事着落豐都地獄。

受好報扒上樂國天臺。

第四十三號　昭和六年二月三日　子曰店主

走對飛。高對低（叶土）。八爬對七坐。

十蟳對九猫。罵天對怨地。

假輸贏。空賣買。討情對投仿（讀係）。

目瞯掛門簾。尻川住布袋。

愛你銅無愛恁人。

有出錢著有扛藝。

狗公要來須待狗母搖獅。

猪子飼大不認猪哥做父。

第四十四號　昭和六年二月六日　里人

魚對柔。飯對糜（讀迷）。爆（讀卜）鴨對燒雞。

烘鰻對焊鴿。穿翼（讀實）對綑蹄。

蘆笋蟹。桔汁蝦。燉鱉對炸蛙。

竹笙參鴨掌。毛菰配雞皮。

乾燒羊肉抹薑醬。

冷拌鮑魚濫芥泥。

飲牛矸沒蘭池（洋酒名）牛矸威士忌（洋酒名）。

免泡梳打水。

食一盤起酥餅一盤鷄蛋糕。

攏配杏仁茶。

第四十五號　昭和六年二月九日　子曰店主

摸對捻。相對囂。過癮對喊眠。

胐鬆對手弄。惰骨對嬈根。

小氣鬼。大面神。起訬對落塀。

本錢無半率。鹽菜有一茵。

阿兄愛錢不愛命。

來興顧嘴無顧身。

疳哥食雄鷄無想要好。

乞丐飼畫眉不認赤貧。

第四十六號　昭和六年二月十三日　剃刀先生

麻對暢。抱對斟。訬狗對夭蟳。

長行對短甲。着毒對激淋。

搧大耳。送小心。撒潑對陰酖（叶平）。

帶門口硬掠。對袋內亂袘（探物也）。

笑戀猪哥會使派。

食老鷄母較滋陰。

袂曉衰。無恁祖媽打骨頭會癢。

眞好運。見招財王來目睭就金。

第四十七號　昭和六年二月十六日　子曰店主

拖對扳。鑿對刐。手銃對肉牌。

狗沙對猴屎。猪桶對鷄臺。

猴弄馬。虎挺獅。牛欉對鳥梨。

用羊腸續命。掛鳥鈴賢哀。

蚊叮（讀去聲）屎拋手歹打。

狗隨臭屁鼻直來。

不成這樣。癩膏猫者屎面。

眞歹看相。無齒獅咬 XX。

第四十八號 昭和六年二月十九日 剃刀先生

挿對扶。粘對脫（叶土）。烏師對 X 禿。

大膽對小心。牢騷對欝卒。

虎頭柑。鵞蛋朮。鱸鰻對蟋蟀。

腹肚內無膏。屏鳥根假骨。

搖頭擺尾富標通。

步罡踏斗哄騙術。

先生有粟担。教做「隱公之他」（叶土）。

和尚噓嘴出。念聲「有物都怫」。

第四十九號 昭和六年二月二十三日 剃刀先生

哀對求。醜（讀歹）對美（讀水）。嗳啊對咯吥。

滴涎（讀爛）對抽頭。食聲對放屁。

奸臣眉。聖君嘴。內掌對外委。

大姨送大丈。李逵假李鬼。

看鼓吹娘曝人參。

給小廝 X 賣火腿。

眞自作孽。尅苦夯門扇枷。

對伊咒詛。甘願捧腰桶水。

第五十號 昭和六年二月二十六日 子曰店主

咻對嚷。喊對唯。發嬌對粧美（叶土）。

捽目對含唇。詐欺對奸詭。

衰々々。呸々々。山精對土匪。

頭殼搓尖々。目睭烏蕊々。

行路激尻川搖花。

勿氾嫌屏拋捲（讀寡去聲）水。

卜生勿得生卜死勿得死。

裝神着成神裝鬼着成鬼。

第五十一號 昭和六年二月二十八日 剃刀先生

食對斟。呑對嘔。喝拳對出口。

燒尿對厚膏。牛屄對馬哮。

鑿烏魚。爬加走。抽丁對點卯。

舊囚食新囚。小佬（騙子）騙大佬。

夭狗思想豬肝骨。

土猴不食孔口草。

哼-哼-哼-無情查某假上錢。

鞍-鞍-鞍-大跋烏煙快落斗。

第五十二號　昭和六年三月三日　何其醜　來稿

奇對異。驚對駭。眾巧對孤獸。

羊頭對狗肉。集義對散財。

無法度。不應該。亂議對濫裁。

愛錢求諒解。分利足詼諧。

魂若有靈當抱憾。

心能無愧更堪哀。

慈善重施捨。對鬼對人都可與。

多少免計較。是伊是你好安排。

第五十三號　昭和六年三月六日　剃刀先生

軟對硬。緊對寬（叶土）。面水對嘴泉。

煙蛇對酒鼈。好睏對賢鼾（叶土）。

歹皮肉。臭心肝。猫虎對鱸鰻。

多牛踏無糞。一馬掛兩鞍。

厝裡多子餓煞父。

朝內無人莫做官。

靑暝查某認錯（讀担叶土）婿。見烏就觸。

白食光棍假大格。無衫會寒（叶土）。

第五十四號　昭和六年三月九日　閑雲　來稿

奔對走。走對飛（叶土）。功首對罪魁。

破靴對高帽。硬化對軟垂。

賤骨相。死身胚。八敗對三衰。

狂狗食無屎。夭〔註3〕雞毋畏篦（叶吹下平）。

拾著錢行不識路。

〔註3〕原稿爲「天」，應是「夭」的誤植。

—264—

跌一倒續假落誒。

喝東喝西。罕見大隻猴放屎。

吃人吃血。掠這老狐狸剝皮。

第五十五號　昭和六年三月十三日　子曰店主

墙對壁。閣對樓。騎馬對掠猴。

摸蛤對食鳥。落臼對弄鐃。

放紙虎。飼緣投。起訬對假賢（叶土）。

朋友一粒一。尫某頭抵頭。

臭頭爛耳歹面水。

銅身鐵骨紙咽喉。

查晡無想戀查某不認怯勢。

死猫掛樹頭死狗放給水流。

第五十六號　昭和六年三月十六日　子曰店主

剝對稽。開對裂。牽拖對排比。

假暢對眞衰。揚威對奢侈。

扶後腳。抽頭釐（讀里）。尿滓對屎痞。

寫字水蛇泅。拔繳蛤壳起。

賢刮猪使双付牌。

偷掠雞着一把米。

買賣愛算分相請莫議論。

妍醜（叶土）無比止合意較慘死。

第五十七號　昭和六年三月十九日　子曰店主

爭對打。揀對挨。候補對當差。

歪尻對戇屄。戀僕對阿西。

搖尾狗。臭頭雞。飢鴨對刺螺。

肚臍痞未角（脫也）。目屎膏無稽。

搥風龜愛戴高帽。

子弟虎激拖破鞋。

死猪無畏湯死狗無畏禿毛。

枵雞不惜箠枵人不惜面皮。

第五十八號　昭和六年三月二十三日　剃刀先生

減對加。抽對增（叶贈）。推辭對答應。

捱倡對彙堆。糊塗對乾淨。

厚抄煩。障僥倖。吃虧對受盛。

撓蛇鉗米蘿。抱狗過戶定。

與好人行有布經。

笑姑爺窮無褲穿（叶仄）。

一了百了。賣田無更田頭行。

大收廣收。大石也着石仔梗。

第五十九號　昭和六年三月二十六日　善化　友章　來稿

芪對桂。棗對薑。熊膽對麝香。

珍珠對琥珀。龜版對鹿茸。

双面莿。一點癀。望月對防風。

牽牛蒼耳子。打馬白頭翁。

退熱最宜小白虎。

傷寒須用大靑龍。

朮草參苓。俱號升陽妙藥。

歸芎芍地。皆稱補血良方。

第六十號　昭和六年三月二十九日　剃刀先生

嚷對吱。諍對賴（叶土）。畫符對咒詛。

白目對紅頭。奢盤對喧（瘦叶土）嘩（叶仄）。

死囝乖。走魚大。有伸對無偌。

生厚虱袂癢（叶土）。講着蛇就沙（叶仄下去）。

一文薑與二文香（叶土）。

多人嫁更少人娶（音炁）。

不用煩惱。到許時竪許旗。

無照紀綱。食碗內說碗外。

第六十一號　昭和六年四月三日　剃刀先生

開對閉。弱對強。活動對優良。

炭燈對銀幕。實演對化粧。

管絃樂。映畫狂。國產對洋風。

公司爭出品。主角愛捧場。

藝術表情林楚楚。

滑稽拿手周空空。

聘說明大家。會惹起一般人氣。

甚超弩高級。想不過五色劍光。

第六十二號 昭和六年四月六日 一酉山人（聊齋志目集成）

龍對象。鴻對狼。農婦對宦娘。

車夫對績女。甄后對閻王。

馬介甫。牛成章。詩讞對酒狂。

人妖胡四姐。禽俠田七郎。

山市、捉狐、于去惡。

江中、斫蟒、周克昌。

安期島、金和尚、役鬼、驅怪。

丁前溪、顛道人、跳神、念秧。

第六十三號 昭和六年四月九日 子曰店主

皮對肉。骨對髓。頭殼對毛尾。

攝目對蹺脚。好收對歹擺。

幹尻川。搧嘴脥。强拖對亂挷。

鼻空內出烟。手中心拚火。

講話噴風不免驚。

放尿參沙袂作夥。

舌是掛敲刀。嘴像麥牙糕。

身空倒溜皮。頭戴碗糊粿。

第六十四號 昭和六年四月十三日 善化 猴齊天

賢對坎。醋對糟。戇虎對惡猴。

小心對大舌。頭粽對脚屑（叶土）。

無人氣。着賊偷。刺（讀赤）目對哭喉。

串交狼狽尾。見遇鱸鰻頭。

欠空也卜開查某。

無聊只想挍璉骰。

無趄那無空。有趄由原是了。

愈粧愈怯勢。勿（讀買）粧亦較能俏（叶土）。

第六十五號　昭和六年四月十六日　　剃刀先生

搶對偷。謀對計。扒高（叶土）對倒退。

靑食對白吞。借權對攪（叶鬆下去）勢。

肉豆藤。茱瓜脆（纖維也）。食虧對包弊。

好囝不給（音逢）招。歹嫺愛過塊。

無空串假草包金。

有錢慣放蔴燈債。

任汝骨頭大枝。亦着靠後墊（摺讀泉音）硬。

若是脚川在癢。就且去老古礦（叶上去）。

第六十六號　昭和六年四月十九日　　子日店主

坐對趖。搖對擺。眞蔴對假疳。

接樺（讀笋）對鬪空。濫開對甘使。

請中營（即中指也）。椪大海。煞縶對激屎。

牛椆門刻花。豬屎籃結彩。

齊（讀樵）知影細脚免展。

罔搣風大箍無探。

脚頭塢（叶平）戴碗帽。不是人面。

目瞤空打結球。無甚神采。

第六十七號　昭和六年四月二十三日　　子日店主

甘對苦。甜對酸。裂縫對蛀穿（叶土）。

隱龜對各鱉。鼠疫對雉（借音）瘡。

扳鹿角。繪羊腸。貓漏（叶上去）對狗哼。

飢雞無惜箠。死豬不畏湯。

倩獅公噴牛角鈸。

騎豬母過鹿耳門。

體面體面。看了烏牛大影。

測衰測衰。遇着白虎無毛。

第六十八號　昭和六年四月二十六日　　剃刀先生

斟（飲也）對迌。賭對開。有點對無才。

龜頭對象鼻。樂暢對悲哀。

安頓屋。丰神臺。木筆對藤牌。

土尻拾煙尾（叶瓜下入）。銀袋起風颱。

熟客常來狗不吠。

軟猴準做猪來刣。

無良無心。掠別人尻川做體面。

有錢有水。那驚汝嘴鬚過肚臍。

第六十九號　昭和六年四月二十九日　子曰店主

肥對瘦。扁對圓。吵鬧對交纏。

凍酸對艱苦。歹擺對罔箍。

撒（讀夜）金豆。吞鐵員。度日對過年。

臭頭戴芋葉。啞口食黃連（讀呢）。

好都好未生袂死。

坐罔坐看命着錢。

勿曉衰。俉困相爭咬粽角。

眞敢死。無錢數想摸粿堆。

第七十號　昭和六年五月三日　子曰店主

斟對飲。食對哺（叶步）。吃風對浸雨（叶土）。

曝日對凍霜。牽亡對超度。

使坦橫。拚險步。認眞對故誤。

俉伊送小心。創着能大肚。

損破鑼罔損勒桃。

偷夯鼎怨偷掘芋。

教社學仔食護挨土壠坐賬。

扛香亭兮勒死噴鼓吹行路。

第七十一號　昭和六年五月六日　子曰店主

扳對拑。偷對竊。强求對硬刧。

戀想對亂摸。光賠對暗貼。

艱仔苦。鹹蛤澀。翻參對攝傑（讀葉貼）。

一身袂當清。八字有較怯。

據在伊目瞬轉輪。

不驚汝尻川會捏。

閻羅王注要護伊三更死。

孔子公不敢收人隔冥帖。

第七十二號　昭和六年五月九日　　一酉山人

庄對市。里對街。楠梓對梧棲。

獅潭對鹿谷。北斗對西螺。

塗葛堀。石頭溪。臺北對關西。

埤頭、三塊厝。海口、十張犁。

大城、外埔、靑草崙。

小港、中藔、白沙坑。

翁公園、下路頭、林邊、竹崎。

媽祖廟、頂山脚、苑裡、藤坪。

第七十三號　昭和六年五月十三日　　連雅堂

長對短。扁對圓。仔細對張遲。

激空對爽勢。愛講對交纏。

中秋餅。上元丸。水漏對火鉗。

戇虎咬炮紙。死猫挂金錢。

走南走北走無路。

閃東閃西閃過年。

三更半冥偷挖壁。神不知鬼不覺。

一年四季好作田。翁着趁某着撿。

第七十四號　昭和六年五月十六日　　子曰店主

扒對跑。跳對昇。鬼怪對人疗。

刣猪對起馬。中毒對洗淸。

看下底。排頭前。空坎對上盈（閉也）。

老嬈戴笋壳。靑盲看花燈。

漠々串戴孝男籠（叶去聲）。

淸々來睏媽祖宮。

愈無空。伸手見過挨着壁。

成憨面。夯屜不知當轉肩。

第七十五號　昭和六年五月十九日　子曰店主

入對出。抵對當。下底對中央。

眞刀對假剌。合夥對分贓。

挒（讀也）數粙。糝米糠。食醋對攪糖。

摸乳擲跤骨。牽屜拭尻川。

做人較慘芋仔鋏。

佮鬼搶無甕菜湯。

假死假活。未曾講着流目屎。

偷拈偷捻。賺（音轉）淡薄來做手酸。

第七十六號　昭和六年五月二十三日　子曰店主

日對冥。遠對近。擔當對保認。

討債對起家。傷心對怨恨。

舐袂乾。食有剩。私綆對自盡。

面皮黃疲疲。目瞯青曘曘（叶入聲）。

眞冤仇者結作球。

會狼狽着焉歸陣。

驚虎那驚某驚某大丈夫。

輸人不輸陣輸陣屜鳥面。

第七十七號　昭和六年五月二十六日　子曰店主

貧對富。赤對窮（叶土）。有義對無情。

激空對缺角。起癮對撈榮。

擇青竹。飼金松。雞母對鴨雄（讀行）。

屎礐虫變蚊。旗杆虎逐（讀兌去聲）龍。

不驚人加掀龜蓋。

捨施伊去普肚亭。

蓋歡喜。新娘不食婆仔好仔。

董眞是。查某有情祖公無靈。

第七十八號　昭和六年五月二十九日　子曰店主

愚對戇。憨對獸。罔擺對當開。

尖跤對幼手。小氣對大夗（讀亥叶平）。

虧心做。倒頭栽。夯官對出司。

　　　　攑刀分銃桶。無被盖米篩。
　　　　人講酒醉心頭定。
　　　　狗食猪肝腹內知。
　　　　五百人同軍五百人同賊。
　　　　三年水流東三年水流西。

第七十九號　昭和六年六月三日　子曰店主
　　　　刀對劍。矛對盾。食聲對吞忍。
　　　　細膩對大空。落土對抹粉。
　　　　假有情。眞無準。勿嬈對賢滾。
　　　　查某驚馬形。土人盖牛尕。
　　　　做雞做鳥無了時。
　　　　呼（讀嘉）尿呼漦免落本。
　　　　一目觀天上。二目觀來相親像。
　　　　大跍踏地穩。細跍踏着加忍損。

第八十號　昭和六年六月六日　子曰店主
　　　　鹽對澁。苦對甘。醋氣對酸湳。
　　　　粗皮對花葉。戀想對訬貪。
　　　　子孫袋。公婆龕。牽龜對摸蚶。
　　　　香爐覆狗屎。錦被罩雞籠。
　　　　好仔荣裡拾着肉。
　　　　較快棹頂在提柑。
　　　　眞無人辨。講着錢（讀淺）就變臉。
　　　　據在我愛。不打銀要食參。

第八十一號　昭和六年六月九日　一酉山人
　　　　搥對損。挨對沕。敢刣對亂剆。
　　　　放蕩對逍遙。挺胸對激骨。
　　　　假靈精。眞枉屈。勞騷對鬱怫（讀卒）。
　　　　每次（叶土）賢牽拖。時常愛搪突。
　　　　汝今（叶土）總着手撽（讀口〔註4〕）高。

──────────────
〔註4〕□表示原稿字跡不清，無法辨別。

伊永亦能（叶土）脚踏禿（叶土）。

花々鹿々看無半項太糊塗。

青々猴々做未周全顧喝忽。

第八十二號　昭和六年六月十三日　　子曰店主

扶對攪。扳對扛。呸涎對生瘡。

孵濃對出汁。頂面對中央。

除脚步。蚨鼻穿。食氣對分賍。

直講直續拍。敢作敢担當。

褲々人激包頭布。

丐々蚊仔釘尻川。

摸十八飯碎徙不過溝仔。

磨三升米員睏袂當天光。

第八十三號　昭和六年六月十六日　　子曰店主

戀對賢。肥對笨。酥聊對軟潤。

坎氣對憨生。率直對遲鈍。

假詼諧。眞爵悶。亂撋對糊混。

一嘴双個舌。五年二會閏。

叫司工來搶精神。

倩青暝去補氣運。

草地兄穿衫紅水烏大辨。

查某媌掊肉生見熟無分。

第八十四號　昭和六年六月十九日　　子曰店主

圍對掩。擲對擯（叶土）。白樂對青驚。

展威對使癖。逃月對拜正。

落地掃。犯天兵（叶土）。親姆對客兄。

紅面快落籠（叶灰）。烏龜坐大廳。

先生有請有時行。

藥仔無賣無名聲。

一千賒不值着八百現。

三七講加準做四六听。

第八十五號　昭和六年六月二十三日　子日店主

　　請對辭。催對討。强求對硬保。

　　軟困對高纏。偷摸對現考。

　　訬狗公。老雞母。亂藏對顛倒。

　　孝男圍庫錢。賭鬼拋連寶。

　　城邊查某衆人兮。

　　巷仔口嫂見擔好。

　　厚賒欠賢拖沙。七除閣八折。

　　現交關無結冤。一清兼二楚。

第八十六號　昭和六年六月二十六日　子日店主

　　辭對請。想對謀。袂跳對賢扶（叶土）。

　　分張對擺會。囝婿對某奴。

　　生天炮。畫地圖。屎桶對尿壺。

　　耳空塞破布。頭殼戴烘爐。

　　灌水講着眞成美。

　　食土藉會賢大模。

　　看伊三支骨頭也敢生癬。

　　因娘十二粒乳治在拖塗。

第八十七號　昭和六年六月二十九日　子日店主

　　龜對鱉。魚對蝦。糖獅對鹽鮭。

　　肥猪對枵鴨。草蜢對花螺。

　　生屁塞（叶土）。着痰迷。請坐對學扒。

　　老牛哺幼笋。戲虎呵燒茶。

　　訬老爹穿一胭靴。

　　子弟虎拖雙破鞋。

　　數想摸尻川。性命着子細。

　　若要扶（讀土）屎拋。指甲修乎齊。

第八十八號　昭和六年七月三日　子日店主

　　吞對咈。飽對枵（叶土）。口孽對眼嫖。

　　含唇對挽項。賢放對未消。

　　蕃頭艮。疕仔標。當票對封條。

診狗藏墓壙。老猴噴洞簫。

要某滯在東門外。

食糜着去望高藔。

成顧我怨不死要含屍。

會護人笑食老者發嬈。

第八十九號　昭和六年七月六日　　棧聲（寄）

金對銀。銅對鐵。閃開對迎接。

手賤對脚長。鼻凹對嘴缺。

鼠哭猫。龜毛鼈。請坐對免匿（叶土）。

冤家鎚貢打。相罵噪姦鄙（上入）。

講着目屎汪汪流。

看較嘴涎哭哭滴。

較驚因老父。走着尾仔直。

不識爾祖媽。相到目無瞬（叶土）。

第九十號　昭和六年七月九日　　子曰店主

藏對閃。伸對揪（縮也）。過午對騎秋。

烏陰對白影。目滓對涎泗。

嘻嘻嘻。羞羞羞。脚蹡對頭抽。

袋咧歸腹肚。糊甲一嘴鬚。

竪或厝頂尾哮痛。

惦帶被空內喊啾。

閒人講閒話。牛聲馬吼。

一個行一路。汝溜我丟。

第九十一號　昭和六年七月十三日　　子曰店主

刣對刈。滅對剿。眞歹對假賢。

鱸鰻對赤鼠。鬪兄對緣投。

青面虎。紅目猴。硬擺對强留。

賊心和尚面。狗聲乞食喉。

餒清飯着看天氣。

食菓子無拜樹頭。

戀子弟數想甘蔗双頭甜。

　　　吵查某食到檳榔五港流。

第九十二號　昭和六年七月十六日　　子曰店主

　　　相對瞋。含對嗅（叶土）。細胈對大耳。

　　　戀囝對痴哥。椪風對失味。

　　　大肚申。洗碗己。行經對作痢。

　　　夯厥畫土符。靑瞑看告示。

　　　拚尾步司公捽蓆。

　　　犁頭脾獸子着餌。

　　　盖夾勢。猪不食狗不哺。

　　　免展寶。賊無情婊無義。

第九十三號　昭和六年七月十九日　　子曰店主

　　　糕對餅。糖對鹽。刈鋏對鈎鐮。

　　　脚刀對手銃。會躡對賢暹（叶土）。

　　　放外海。使內簾。隔偉對沉潛。

　　　見錢金々相。落水平々沉（叶土）。

　　　心肝比土匪較野。

　　　手頭俗強盜平粘。

　　　富嫖通三字全錢水字目算。

　　　好歹挃到嘴飽甜鹽淡（叶土）無嫌。

第九十四號　昭和六年七月二十三日　　一酉山人

　　　暗對光。開對閉。良心對惡戲。

　　　拐誘對姦通。收容對放棄。

　　　投文書。寫日誌。調査對考試。

　　　共謀告詐欺。恐喝定留置。

　　　差押請強制執行。

　　　買賣要保存登記。

　　　業主相續胎權不免抹消。

　　　管理變更派下應該同意。

第九十五號　昭和六年七月二十六日　　子曰店主

　　　搖對撇。擲對投。強損對罔留。

袂麻對假癩。嘴水對屎賢（叶土）。

相放伴。作對頭。佮夥對同胞。

尼姑和尙某。學生戲仔猴。

做事虎頭老鼠尾。

唱曲狗聲乞食喉。

據在人三句定二句有。

管待伊大笨滿（叶土）細笨流。

第九十六號　昭和六年七月二十九日　　子曰店主

扳對拖。縫對紡。熊精對牛港。

訬狗對大猪。未硬對免爽。

八珍樓。五毒桶。空閹對壅攏。

戇佛不食雞。小团賢變蚊。

惡人惡較無坎盖。

紅面紅着快落籠。

未會要假賢。芎蕉激除心。

無精顧喝咈。荣頭不知鬃。

第九十七號　昭和六年八月三日　　一酉山人

喜對哀。逆對順。多言對不論。

碍目對含唇。開懷對鬱悶。

彼（叶土）精英。此（叶土）蠢笨。認眞對糊混。

各個要衰神。大家即好運。

尻川頭能帶閃電（叶土）。

腹肚內在滾忍（叶土）存（讀去聲）。

一錢二緣三美四少年。

七拈八添九掔十無份。

第九十八號　昭和六年八月六日　　子曰店主

虎對鹿。獅對象。細姨對大丈（叶土）。

媌骨對奴才。憨生對戇想。

拖不行。扒未上。對分對相讓。

手尾無到扳。尻川在底癢。

無匹想要尋媒人。

因某去討著和尙。

盖實在。前人栽花後人蔭影。

眞歹歆。大狗搬墙細狗看樣。

第九十九號　昭和六年八月九日　子曰店主

行對走。徙對遷。發蛀對生銑。

零星對歸項。軟困對硬煎。

鬼扛鬼。仙拚仙。猫屄對鹿鞭。

盖無影無跡。勿假訬假癲。

看伊甲佫賢鑽地。

護汝攏總未跳天。

要開錢未比得謝龍舍。

講着話那親像王鹿先。

第一百號　昭和六年八月十三日　善化　洪舜廷

妗對姨。姑對姊。歹猴對好馬。

手帕對面巾。目瞷對嘴痞（叶上聲）。

脚頭重。手袖短。鼻高（叶土）對身矮。

紅帽中國製。白衫西洋洗。

蕩子不聽父母言。

熟人免行君臣禮。

罵婊子。隔壁噴燈火。出嘴說天盖能（叶土）。

叫女兒。上轎放梹榔。入門性地着改（叶土）。

第一百一號　昭和六年八月十六日　倩影

好對呆。奸對忠。聲西對擊東。

龜桃對鼈印。漱石對抱空（某報有抱空而返之熟語故特借用）。

凍酸猴。小相公。哄鬼對害蟲。

妖鬼更雜念。袋屎兼不通。

下級倡妓多野鄙。

三流記者號朦朧。

錢無半率。數想摸乳鄭脚骨。

吃只三餐。值得叩頭兼鞠躬。

第一百二號　昭和六年八月十九日　子曰店主

貪對野。痴對呆。小氣對大獸。

屎頭對屁面。拳棒對肉牌。

仆地虎。獻天獅。激笑對舉哀。

生做查某體。害死囝仔栽。

出門人吃一支嘴。

扛橋嚇無双重才。

無好相見。一個面映南一個面映北。

不可自誇。三年水流東三年水流西。

第一百三號　昭和六年八月二十三日　子曰店主

燒對炸。炒對煎。戶定對門鐶（讀牽）。

落科對吐氣（叶土）。袂硬對成堅。

豬母鬼。馬扁仙。公道對私偏。

着老實古意。免假誚樂（音六）顚。

戀子弟眞正草偲。

歹查某賢號花連。

虎屛相交干乾一會（去聲）定。

雞屎落土也有三寸烟。

第一百四號　昭和六年八月二十六日　一酉山人

嫖對飲。炒對煎。獅角對鹿鞭。

觸衰對崩敗。伶俐對瘋顚。

賊劫賊。仙摒仙。假歹對眞堅。

土木神顯聖。松樹王上天。

仙人打皷有時錯。

老虎行路無啄眠。

今世爲人只憑兩條腿。

半生衣祿皆靠一口田。

第一百五號　昭和六年八月二十九日　林珠浦

骨對毛。皮對殼。赤鬃對白腹。

直撞對橫行。斜欹對秉仆。

戲鞦韆。車加轆。强挨對硬捘。

作事狗拖沙。同稠牛相觸。

XX 看作守隘門。

司皂常好壓壁角。

查某攬帶跤頭塢（叶土）。笑甲嘴開々。

秀才在許手袖規。想着允篤々（叶土）。

第一百六號　昭和六年九月三日　子曰店主

蹺對挖。暢對哀。搣鼠對毛獅。

腐儒對訬鬼。結黨對對臺。

強々創。活々埋。豎困對倒栽。

眞好無塊討。不驚據汝來。

假屍賢愛插屍事。

不識屜要買屜知。

媽祖宮吹烏魚。北路觀音收羅漢。

仙草寮寄金斗。南門土地顧骨骸。

第一百七號　昭和六年九月六日　子曰店主

鎖對鍊。掘對埋。菲扳對苤萊。

花娘對草寇。庵坎對詼諧。

臭頭狗。無齒獅。入教對持齋。

有錢激身命。無被盖米篩。

藝旦尻川挾火炭。

恁某 XX 弄籐牌。

青暝亂主卜。鳥算白算錢要緊。

紅包使無利。能好沒好我不知。

第一百八號　昭和六年九月九日　子曰店主

敲對剝。剪對裁。頭賣對目眉。

冤仇對怨恨。客棧對戲臺。

沒小禮。無大才。挂匾對墮胎。

做事無高手。講話落下頦。

一日街路作訬狗。

兩個堂頂排糖獅。

父母雖嚴。無暝無日走去迌。

查某正水。有錢有銀着來開。

第一百九號　昭和六年九月十三日　　子曰店主

巴對煽。舖對排。滲咽對濫開。

家婆對地痞。糟粕對油埃。

無妥當。不應該。身屍對骨骸。

彼個那屎鳥。恁某的 XX。

上戲棚頂變戲虎。

墊被空內弄被獅。

要用是物。五時做藥六時牭石。

有路無厝。三日搬東四日徙西。

第一百十號　昭和六年九月十六日　　剃刀先生

冷對熱。泔對湯。有粟對粗糠。

無嘹對有板。强搾對硬扛。

半濫燥。袂齊全。艱苦對溢酸。

擇屎揌頭殼。放屁爛尻川。

驚見半暝拜飯斗。

煩惱卜娶無眠床。

無能幹佛（音勃）仔。討鯊魚劍。輸人不輸陣。

不上算契兄。炕鹿角膠。敢做着敢當。

第百十一號　昭和六年九月十九日　　子曰店主

掩對盖。相對瞋（讀下聲）。土富對赤貧。

免藏對着損。龜子對猫寅。

戀婊囝。土流氓。倒滴對竪斟。

坎氣無消透（讀上聲）。解採護精神。

狂犬見人愛亂吠。

老虎行路無啄眠。

漫假誚。見嬈見過青膏氣。

眞好笑。想銀想甲黑暗眩。

第百十二號　昭和六年九月二十三日　　一酉山人

樓對閣。戶對窻。錫盒對錢筒。

花氊對草蓆。水漏對火烘。

尿壺耳。屎桶枋。白菜對靑葱。

呵兮較細膩。咋阿即大叢。

蓋歡喜猴咬斷索。

眞正暢鳥飛出籠。

挵那挵撞蟻。肩頭折歸裂。

弄吓弄叮咚。褲底破一空。

第百十三號　昭和六年九月二十六日　子曰店主

行對跳。趄對追。脫売對包葇。

除皮對剝骨。趒打對食攎。

牽牛割。積猴規。尖鑽對古錐。

來啦免細利。去了眞尵虧。

明々是猪欠狗債。

定々要狐假虎威。

七癲八跊。粧癲假跊那屎鳥。

三請五催。有請無催是烏龜。

第百十四號　昭和六年九月二十九日　子曰店主

糧對戰。排對比。擔憂對報喜。

冷留對軟困。强諍對硬指。

奴才批。囝仔痞。璺鬚對咬齒。

扐來倒頭栽。打護半小死。

講着添鹽更添糟。

散到無柴共無米。

世間事。穿鞋的食肉脫赤腳趄鹿。

生理人。賣磁仔吃缺織草蓆睏椅。

第百十五號　昭和六年十月三日　剃刀先生

瘦對肥。高對矮。有收對無洗。

貼地對抵天。浮盤對挵碼。

上刀梯。做箭靶。三長對二短。

臭柑排店面。好酒沉甕底。

得罪土地公飼雞。

去給狀元爺攏（叶凌）馬。

眞了然。買賣賊拔繳人郎君。

大不孝。後生父查某囝娘姨。

第百十六號 昭和六年十月六日 烏貓（寄）

語對言。此對彼。不學對無恥。

假訬對起顚。發嬈對落理。

糊塗蟲。漲粟鼠（叶土）。濫牽對亂指。

戀蜱夯冇籠。胡蠅攢屎痞。

不通不通大不通。

該死該死眞該死。

先生高明。尻川倩我箭苟蕉。

俗子混帳。背脊被人捽鹽米。

第百十七號 昭和六年十月九日 一酉山人

行對走。削對剉。□白對□靑。

寒□對冷淡。一□對双生。

□□□。□□□。□□□□□。

老到好通死。少年不若□。〔註5〕

入吾門愛趁吾法。

食官飯當聽官差。

有人可救李世民無人可救秦叔寶。

是男莫學百里奚是女莫學買臣妻。

第百十八號 昭和六年十月十三日 子曰店主

橫對豎。銀對錢。未攝對強拑。

發嬈對敢死。激角對忍坉。

流血汁。上鹽豉（叶平）。擲扁對挲圓。

鼻流不知醒。屁圇免交纏。

雞母雞牸袂護幹。

猪頭猪面勿傷迷（讀棉叶土）。

嚷到屎核大細腎。一空扴着双粒。

〔註5〕□表示原稿字跡不清，無法辨別。

講較嘴邊二管沫。十句值無三文（叶土）。

第百十九號　昭和六年十月十六日　去非老人

笑對哭。閃對逃。搖擺對迊迌。

治心對吐血。懊惱對囉嘈。

請仙祖。起嘍囉。袋屎對流膏。

弄巧常反拙。迫戰想求和。

那有這歀戀子弟。

着去恁塊（讀兜）辭公婆。

卜生袂生卜死袂死。據在汝罵。

在秦爲秦在楚爲楚。莫奈我何。

第百二十號　昭和六年十月十九日　驫助

虛對實。假對眞。黑心對白銀。

強權對公理。富戶對細民。

無想戀。不認貧。棄舊對迎新。

頭殼袋石蛋。身軀攢金蠅（讀神）。

只憑一部大辭典。

專靠幾箇土流氓。

放屁上壁袂响。眞正無價值。

假訬講人是非。恐怕會誤身。

第百二十一號　昭和六年十月二十三日　善化　洪舜廷

犁對耙。磨對挨。水桶對火乂。

鉋刀對刈鋏。鉛線對綿紗。

搖尾狗。摋頭鷄。草魷對花螺。

易經梅花數。英字豆荚牙。

和尙相打扭頭鬃。

囝仔流涎（叶土）掛領胿（叶土）。

賀新婚。外面正音內面奢皷。

大鬧熱。東頭藝旦西頭採茶。

第百二十二號　昭和六年十月二十六日　臭獻

直對曲。正對歪。惡黨對奴才。

激心對丟臉。忍氣對求財。

放紙虎。挣石獅。鐵筆對藤牌。

小人爲難養。大豚總着刮。

戀獸々終無了局。

看見々趁早下臺。

心血已乾。放君走到不死國。

面皮尙厚。請汝掛起免戰牌。

第百二十三號　昭和六年十月二十九日　青牛（寄）

請對辭。□〔註6〕對簸。離開對順續（叶土）。

敢死對貪生。作平對對剖。

滋屎花。臭尿瘡。袂好對無掛。

愛哮攪茶鍋。無綫吊袴帶。

土米沙本硤無油。

厚皮甕是損未破。

敢有影。看伊雞母數想摸伊尻川。

正歹勢。知人臭頭即卜掀人龜盖。

第百二十四號　昭和六年十一月三日　臺中　張又湯（寄）

臭對香。少對多（叶土仄）。空奄對不第。

拾（讀却土）屑（讀雪土）對凍霜。不通對無藝。

綠頭巾。紅布袋。摵風對貼地。

放屁走較開。食糜測落低（叶仄）。

苦喿（小魚）落海想爲王。

豬仔飼大不認父。

献什麼臭東西。五百人同軍五百人同賊。

俗不了戀子弟。一個喝卜賣一個喝卜坐（叶土）。

第百二十五號　昭和六年十一月六日　子曰店主

雌對雄。男對女。粗夫對俗子。

叛骨對囂皮。大猪對老鼠。

使袂行。食無久。强求對硬取。

〔註6〕□表示原稿字跡不清，無法辨別。

手尾無到攀。船頭會相堵。

賢講話也愛出怵。

無吹風敢會臭蛹。

好々人不等靑膏查某。

聖々佛遇著空憨（讀庵）弟子。

第百二十六號　昭和六年十一月九日　一酉山人

舊對新。今對古。拿龍對戲虎。

捽直對抝橫。吞酸對食苦。

好心肝。歹腹肚。倒戈對去櫓。

要嫁驚無厝。無錢毛有某。

做大志三延四延。

講着話七土八土。

騙人不識盍賢擧順風旗。

被汝若知敢能打退堂皷。

第百二十七號　昭和六年十一月十三日　子曰店主

啼對笑。氣對凝。帮敗對牽成。

會衰對敢死。有義對無情。

眞不懂（叶黨）。正勝榮。落魄對除靈。

目瞤打三角。尻川必作平。

爛土是糊袂上壁。

臭柑也敢排作前。

臭耳人賊無聽見狗在吠。

興旺主家不驚伊猪來窮（叶土）。

第百二十八號　昭和六年十一月十六日　一酉山人

縛對穿。掀對罩。牽龜對押豹。

小氣對多端。烏驢對赤嗎。

能生湯。未發酵。賢謀對奸詐。

聽著如六々。講較有三々（叶土聲去）。

錢銀攏總捏稠々。

載志各項開嘎々（叶土去聲）。

眞顧我怨。戀婊子要犁頭排。

笑破人嘴。賊公親在挑尾担。

第百二十九號　昭和六年十一月十九日　*倩影*

食對吞。嘔對漏 (叶土)。大滾對亂泡。

吃苦對啖 (叶平) 甜。宣傳對上奏。

冒斯文。好爭鬪。鷄規對空砲。

缺嘴興 (叶去) 鬍鬚。偸食假咳 (叶土) 嗽。

有空無樺大小哀。

粗聲野喉〔註7〕加減哭。

眞可惜。水的不嬈嬈的不水。

最痛恨。臭屁袟彈彈屁袟臭。

第百三十號　昭和六年十一月二十三日　*剃刀先生*

吐對吞。宣對奏。虛癆對久嗽。

舊症對前科。亂噴對直漏 (叶土)。

使內簾。牽中炮。明搶對暗鬪 (叶土)。

銀水字墨算。炊粿縛粽哭。

老狗串記久長屎。

胡鰍不知尾後臭。

無良心。借刀豎磨借牛過掛。

眞了然。乘子不孝乘猪夯灶。

第百三十一號　昭和六年十一月二十六日　*剃刀先生*

飽對空。通對塞 (叶土)。小七對亡八。

滿罾對關門。草猴對木虱。

車糞掃。疊塗葛。靑膏對白漆。

慣練磕響頭。想卜起飛踢。

風險貨損破着賠。

圓仔湯浮面就 (讀都) 摍 (讀渴)。

土拳濫糝來。七尺槌無留三尺後。

〔註7〕在台日大辭典台語譯本中所查詢到的語料爲「大聲野喉」，指「大吵雜 e5 聲
　　　音」。

臭步不免展。千人見只畏一人識。

第百三十二號　昭和六年十一月二十九日　里人

肥對瘦。臭對香。蝙蝠對蜈蚣。

死人對活佛。痴鬼對訬人。

食錢虎。採花蜂。幼（讀井）鳥對老蔥。

尼姑辮毛尾。和尙梳頭鬃。

卜乞米龜者拜佛。

看着牲禮假跳童。

一歲一歲差（叶土）。倒咧無睏亦快活。

逐碗逐碗空（叶土）。食着有影成輕鬆。

第百三十三號　昭和六年十二月三日　子曰店主

跑對飛。近對遠。割開對鏨斷。

四散對歸堆。生銑對淋盪。

飲苦湯。食清飯。補呈對告狀。

不免護伊知。敢會犯人問。

屛鳥〔註8〕面滴着鳥屎。

烏雞母生白雞蛋。

盖不是式。擲驚死放驚飛。

眞正無空。挨袂行揀袂動（讀斷叶土）。

第百三十四號　昭和六年十二月六日　子曰店主

糊對貼。塞對通。掛號對賞封。

謀營對鬪陣。倒吊對豎匡。

漫激氣。使會風。結球對椪鬆。

啞口哼噎叫。靑暝濫摻摸（叶土）。

不值着臭頭洪武。

那親像粗皮咸豐。

紙裡未包得風紙裡未包得火。

草索也拖阿父草索也拖阿公。

〔註8〕原稿爲「鳥」。已於第百三十四號（昭和六年十二月六日）〈正誤欄〉中更正。
　　　內容如下：『十二月三日新聲律啟蒙「鳥面誤作烏面」』。

第百三十五號 昭和六年十二月九日 子曰店主

炸對燒。咬對吮（讀莊卟土）。臭潘對清飯。

白哺對靑呑。加煎對過盞。

差不多。離太遠（卟土）。拾堆對相傍。

屛抛拖戥鎚。尻川挾鴨蛋。

哭甲目瞷勿扒開。

愛參屛鳥〔註9〕相借問。

不中用。袂生撲損人兮Ｘ。〔註10〕

正可憐。要死未得氣絲斷。

第百三十六號 昭和六年十二月十三日 子曰店主

扳對抽。舂對研。熱狂對冷悍。

走腹對失心。瘋癲對陷腫。

頭興興。尾冷冷。膏土對弄泳（讀永）。

乘囝成不孝。做人着愛秉。

烏頭鬃賢使內簾。

白目佛會蔭外境。

歹命婦人帶加刀平背鐵掃帚。

驚某大王跪跤踏枋揷雞毛筅。

第百三十七號 昭和六年十二月十六日 子曰店主

痛對抽。麻對痺。敲油對點痣。

凹鼻對凸頭。出神對激氣。

正彭亨。假古意。前三對後四。

拖去捲草苞。掠來捽竹刺。

一面抹墙双面光。

前棚傀儡後棚戲。

甲好胆。屛核不是鑽石造的。

眞靑暝。目瞷煞乎龍眼換去。

第百三十八號 昭和六年十二月十九日 在公

〔註 9〕原稿爲「烏」，應爲「鳥」字的誤植。

〔註10〕筆者推測「Ｘ」應爲「黎」。

送對迎。歡對愛。哥哥對太太。
番癲對激癀。烏魚對赤棻。
應該然。乎盡載。風徵對湧湃。
看了眞療邪。講着敢擔戴。
怯勢查某愈賢粧。
無錢契兄兼使派。
一世人無若久。罔挨罔挨。
萬項事總是空。大概大概。

第百三十九號　昭和六年十二月二十三日　子曰店主

癲對訬。戇對悾。疳膏對麻瘋。
賢噴對能攝。袂喘對不通。
收惡煞。帶魁罡。定罪對搶功。
有勢着盡展。無錢不免摸。
溜氣是較常食飯。
放屁看作在出風。
出有一陣戇婊囝看準好子弟。
埋無三個死厬仔想卜作土工。

第百四十號　昭和六年十二月二十六日　在公

霜對雪。風對雨（叶土）。迎王對普度。
蟋蟀對蜘蛛。烏鶖對白鷺。
雞胿蘭。狗蹄芋。滙封對保護。
見汝就僥〔註11〕疑。展伊未錯誤。
直々蓋能拖尾施。
平々總是食頭路〔註12〕。
眞揚氣。行着激搖尻川花。
不免爽。輒想用擲屎抛步。

第百四十一號　昭和六年十二月二十九日　子曰店主

橫對直。近對遠。扒開對咬斷。

〔註11〕原稿爲「澆」，應爲「僥」字的誤植。
〔註12〕原稿爲「賂」，應爲「路」字的誤植。

硬扐對強挲。好聽對罔問。

開公司。告御狀。花膏對煙瞻。

鯽魚君紅糟。清水煮白餔。

若是着是非着非。

愛一還一二還二。

有禮無體。對頭親騎紅頭驢。

大驚小怪。烏雞母生白雞蛋。

第百四十二號 昭和七年一月三日 子曰店主

喜對歡。搖對擺。食甜對開采。

探頭對俯 (叶土) 腰。點燈對結綵。

眞正好。無較歹。夯官對發海。

恭喜大趁錢。新春好流儷。

正月查某展春羅。

初六子婿來囘拜。

初一早初二早初三無甚巧初四睏較飽。

新人妍 (叶淵) 新衫妍 (叶淵) 新正老康健新春大發彩。

第百四十三號 昭和七年一月九日 剃刀先生

虛對實。□對空。無準對不□。

喧□對□□。□□對□□。

□□ (□□) □。打□□。出色對包封。

了錢較慘死。有勢不免紅。

無□海龍王辭水。

要是老鷄母去鳳。

歹心婆姐慣練劍□ 〔註13〕 在室女。

大身神主有時會落有應公。

第百四十四號 昭和七年一月十三日 子曰店主

燒對炸。煮對煎 (叶土)。雙料對孤單。

草㤾對花誗。十足對一般。

抾尾注。照頭攤。敗將對傷官。

〔註13〕□表示原稿字跡不清，無法辨別。

三人共五目。一馬掛兩鞍。

敢着放較好腸肚。

不通想許呆心肝。

頂厝人教団下厝人団乖。

前頭無所靠後頭無靠山。

第百四十五號　昭和七年一月十六日　　子曰店主

飲對食。吞對哺。過旬對普度。

吓神對託佛。救星對乞雨。

有分張。無疑誤。討添對幫助。

愛顧盌泔粥（讀梅）。激食不爛芋。

作事不通狗拖沙。

過橋較多汝行路。

定々想得脚尾紙手尾錢。

串々都是雞仔腸鳥仔肚。

第百四十六號　昭和七年一月十九日　　在公

擲對拋。扛對押。生皮對死肉。

討債對開錢。一千對八百。

歹頭彩。好後墊。征拚（去聲）對鬪搭。

佮汝在高纏。招伊來落揷。

未見未誚眞角簁。

能振能動太敢甲。

着想法度創不通想適陶。

要併情理講無愛併相打。

第百四十七號　昭和七年一月二十三日　　子曰店主

椪對鬆。輕對重。零星對歸項。

分離對拾堆。有剩（讀春）對無望。

柒公生。蕃婆弄。折開對相共。

半路起嬈心。一暝恢絮夢。

翻平會跌落床前。

振動着夾帶杉縫。

幾時看見伊在錢串穆鬚。

前世踢破恁的金斗甕硐。

第百四十八號　昭和七年一月二十六日　　在公明々

裝對裱。漆對塗。熨斗對宣爐。

天秤對地磅。罷市對禁屠。

搵涎貼。清鼻糊。敲草對搜蒲。

腹邊安鐵餅。脊後負痰壺。

無肉未堪被人打。

有鬚能過得汝鬍。

要□〔註14〕跤川敢驚想歹勢。

在食頭路着展鬥賢扶（叶土）。

第百四十九號　昭和七年一月二十九日　　新竹　半僧

骨對皮。心對胃。三參對十碎。

七拈對八添。双多對四季。

鹿子蹄。猪哥嘴。畏窮對嫌貴。

聖佛嗅香烟。死人放臭屁。

剝桃仁膜加了工。

食菁仔心假會醉。

頂頭有仔細。下底免着驚。

首尾無到長。中央湊規對。

第百五十號　昭和七年二月三日　　子曰店主

敲對剝。刈對刣（俗作刴）。耳蒂對目眉。

牙槽對齒岸。頂盖對下頦。

巴頭殼。却（拾也）骨骸。死磕對活埋。

頭過身就過。跤來手也來。

枵甲腹肚凹尻脊。

傷着笑脾吐肚臍。

靑暝仵作尻川驗準銃傷。

譀神查某 XX 弄做籐牌。

第百五十一號　昭和七年二月六日　子曰店主
　　包對圍。縛對梱。搾油對抹粉。
　　生水對流湯。牽空對接榫。
　　哭嗎々。笑吻々。食虧對吞忍。
　　大脚蹈細脚。頂盾壓下盾。
　　生人見過尋死路。
　　歹竹也會出好笋。
　　眞正歹空。卜着不成着。
　　無甚好賺。蝕本兼到本。

第百五十二號　昭和七年二月九日　　在公
　　刐對切。幼對粗。細片對大箍。
　　硤油對絞汁。魚䰞對肉酥。
　　未明白。使暗烏。吞鐵對食麩。
　　借錢來飲酒。典物去完租。
　　自己入門靑狂叫。
　　講伊出嘴濫糝呼。
　　賢展丰神。莫怪汝下林擔柴（叶土）。
　　無彼本事。敢應人鹽埕搶孤。

第百五十三號　昭和七年二月十三日　　在公
　　針對鑽。怪對奇。米粩對蔴糍。
　　千言對萬語。確信對訝疑。
　　鴛鴦㛾。鷓鴣姨。呵狗對掠猪。
　　無鬚不知老。有貨賣無錢。
　　眞賢開盡賺盡了。
　　興扷緩愈輸愈迷（叶土）。
　　未見未誚。敢參人訬々叫。
　　有來有往。能及汝翱々纏。

第百五十四號　昭和七年二月十六日　　善化　舜廷
　　海對山。溪對港。栽鬚對續鬃。
　　串耳對畫眉。假癲對賢懷。
　　井底蛙。甕內蚊。誦經對宣講。

頭殼犁々々。尻川頤々々。

無聊罔來打破鑼。

能好也沒担粗桶。

勿亂言。夭壽死囝簸（盖也）糞箕。

眞歹嘴。短命烏魚裝車籠。

第百五十五號　昭和七年二月十九日　　子曰店主

鹽對甜。香對臭。喊咻對咳嗽。

講飽對哮枵。竪斟對直漏。

捲地皮。生天炮。分爭對計較。

想佮鬼做堆。漫見王着奏。

做娘叫做查嫺使。

見錢笑見文書哭。

分無平敢會打甲廿九暝。

未曾老閣激睏到半中晝（叶土）。

第百五十六號　昭和七年二月二十三日　　剃刀先生

合對開。鬖對禿。粘稠對打角。

白食對靑吞。汝顚（音天）對我咈。

小可空。半通不。招搖對憂鬱。

一褲屎無洗。七子班總出。

死蛇較貴烏耳鰻。

枵狗數想猪肝骨。

公司事。一個撏紅花一個撏荖芊。

查某間。有人看暢空有人看死窟。〔註15〕

第百五十七號　昭和七年二月二十六日　　善化　洪舜廷

烏對白。綠對黃。梯椅對眠床。

酒樓對茶店。草地對花園。

流鼻水。生屁瘡。脫窓對關門。

查甫不認戇。死猪無畏湯。

〔註15〕原稿爲「查某間有個看暢空有個看死窟」。已於第百五十七號（昭和七年二月
　　二十六日）更正。內容如下：「▲訂正　前期本欄末句乃查某間有人看暢空有
　　人看死窟」。

一個嘴湊雙個舌。

三分人着四分粧。

好牛不落墟好某不看戲。

嫩瓜無內欄嫩囝無腹腸。

第百五十八號　昭和七年二月二十九日　　善化　蘇友章

鹹對淡。苦對辛。柏子對棗仁。

天花對地骨。紫草對黃藤。

双面莿。壹條根。金錠對水銀。

清暑用五物。調元宜八珍。

祛風翻胃飲三聖。

利水補脾服四神。

蘇子橘紅本是行痰降氣。

杏仁桑白善能止嗽生津。

第百五十九號　昭和七年三月三日　　剃刀先生

捻對摩。爬對搯。聰明對臃腫（甕粽）。

失錯對調遲。結晶對堅凍。

大頭釘。厚皮甕。歸堆對弔弄。

面皮着愛顧。鼻管不免鬢。

拖來新市住粿葉。

送去二王食肉粽。

下作貨激紳士派。開大門打大戶。

散凶人然業戶家。坐塊食倒塊放。

第百六十號　昭和七年三月六日　　在公明々

揩對扶。扒對攎。磨刀對挽鋸。

作孽對為非。籃層對苃注。

守山寮。探墓厝。孤貧對土富（叶土）。

愈想愈冷流。那看那污瀆。

金錢決算印憑單。

貨物收支盖証據。

因汝答應不就三跪五叩頭。

恐伊忘記得閣七叮八吩咐。

第百六十一號　昭和七年三月九日　　善化　友章

　　裝對剪。研對春。白降對紅昇。

　　蝦蟆對蛤蚧。綠胆對黃精。

　　金劍草。紫石英。五倍對三稜。

　　喘多宜北杏。痰盛用南星。

　　通腎固牙骨碎補。

　　入心止血不留行。

　　六月霜熬糖可醫鷄冠痔。

　　半天雷挵醋能治牛頭疔。

第百六十二號　昭和七年三月十三日　　子曰店主

　　縮對閃。避對逃。且走對罔趒。

　　私通對暗約。乾樂對白邀。

　　雙平椪。三不和。幼嫺對老婆。

　　牽猪哥趒暢。隸狗母空勞。

　　□〔註16〕奶二粒鹽肉包。

　　恁某一個歪尾桃。

　　半暝食西瓜見食便反症。

　　正月展春羅不展較强無。

第百六十三號　昭和七年三月十六日　　在公明々

　　查對蟶。蚶對鱟。頭前對尾後。

　　下底對中央。請安對拜候。

　　牛心梨。馬齒豆。爛瘡對乾漏。

　　無空想要賒。有錢激不找。

　　見着查某假痴哥。

　　未曾嫁尪眞臭老。

　　夭壽虫仔。目滓四淌垂。

　　短命烏魚。面皮双重厚。

第百六十四號　昭和七年三月十九日　　善化　絕塵草堂主

〔註16〕□表示原稿字跡不清，無法辨別。

癲對訬。旺對衰。大鼻對粗皮。

鷄槽對猪桶。六輦對五盍。

獅公帽。狗母鍋。雨傘對風吹（風箏）。

着愛好々是。不可（叶土）嚼々花。

死虎準做活虎打。

嫁鷄總着隸鷄飛。

眞正了然。見誚袂死慣勢道好。

實在冤枉。有功無賞打破着賠。

第百六十五號　昭和七年三月二十三日　　剃刀先生

愛對惡（去聲）。喚（叶土）對嘘。頭目對身軀。

小人對大僕。糞掃對火灰（讀夫）。

通城虎。站空龜。爽快對迂拘。

刣鷄拖木屐。走馬看眞珠。

攏是識（叶土）好不識夾（却也）。

未曾想贏先想輸。

扯（叶平）落皮。上山也是一日落海也是一日。

鹹茱衣。拜醮猶原這襲（讀舒）刣狗猶原這襲。

第百六十六號　昭和七年三月二十六日　　剃刀先生

轎對車。傘對笠。興旺對死絶（叶泉）。

欠賬對催租。歸條對半屮。

倒頭埋。當面拔。新衫對破襪。

誚狗目起瞱。死猪〔註17〕腸厚沫。

論本事攏無半撇。

看壹字不識一劃。

親像虎姑婆騙囝仔坐甕。

愛笑猪哥姆伴五娘賞月。

第百六十七號　昭和七年三月二十九日　　善化　洪舜廷

皮對骨。肉對筋。靑面對赤身。

〔註17〕原稿爲「豚」。已於第百六十七號（昭和七年三月二十九日）正誤欄中更正。
　　　　內容如下：「三月二十六日新聲律啓蒙死猪腸誤作死豚腸」。

躍胐對扴手。枵鬼對坎神。

腹肚痛。頭壳眩。棄舊對迎新。

目睭金々相。嘴涎直々津。

乞食婆隷人走反。

戀晚嫂卜錢不銀。

嗅婊若絕情。扁佛卽有聖。

秀才是袂假。把戲也無眞。

第百六十八號　昭和七年四月三日　　子曰店主

合對開。垂對竅。打球對起皺。

落揷對交纏。喊休對見誚。

隨頭拖。雙手搦。承盤對倒賬。

命怯銀會飛。手閒錢那數。

好司阜着壓壁角。

掠魁星來躂斗吊。

心頭袂自在。十個上八個落。

腹內暢起來。三胐投二胐跳。

第百六十九號　昭和七年四月六日　　子曰店主

貧對賤。富對窮。人殼對番平。

胐頭對手尾。倒直對竪騰。

騎雲馬。踏山龍。佮鼓對含鈴。

拖來塞嘴角。提去普肚亭。

人講查某那無情。

恁的祖公就有靈。

食是看四方。枵免煩惱。

錢閣無一牵。窮甲勝閒。

第百七十號　昭和七年四月九日　　在公明々

酉對申。寅對卯。賢嘩對愛哮。

蚯蚓對蜈蚣。蜇蝎對葭蚤。

能恢心。免誇口。强拖對硬拗。

親像赴胐猫。較那慌頭狗。

參人歸暝映々飛。

及汝逐日跑々走。

精神光眼。二蕊目胭流々□〔註18〕々。

怨身戚命。一腹肚氣懊々惱々。

第百七十一號　昭和七年四月十三日　　在公明々

饋對炊。撾對弄。離開對相撞。

塞縫對挈空。無聊對罔侗（叶通去聲）。

愛發嬈。賢生狀。衰微對興旺。

歸鑭臭火焦（叶噍）。一硳浮浪宋（叶去聲）。

按怎行情彼通光。

因何做事即傖磅（叶蠢笨）。

魚換魚蝦換蝦。矮狗牽靑暝。

龍交龍鳳交鳳。隱龜教懂戇。

第百七十二號　昭和七年四月十六日　　剃刀先生

緊對鬆。淸對爽。精光對惘懂。

無錢對有工。面皮對目孔。

鹿角仙。虎鬚黨。彙墜（叶平）對品榜。

看着悾々々。穿到晃々々。

眞知恁兜事諍王。

封汝後山做仆總。

講話另外甜。較好烏龍泡糖霜。

作事障裡雄。親像枴蟳挾屎管。

第百七十三號　昭和七年四月十九日　　子曰店主

溪對崁。海對洋。計較對思量（叶土）。

參商對打算。發蛀對落溶。

五脚馬。雙頭羊。起皷對上樑。

靑猴藏破籠。赤羔咬遍場。

有時也會風激板。

好天無存雨來粮。

〔註18〕□表示原稿字跡不清，無法辨別。

笑人青暝。李逵看作參客。

爲伊剾吊。陳三思想五娘。

第百七十四號　昭和七年四月二十三日　　子曰店主

窮對富。旺對衰。起訬對落科。

空癲對假戇。潦草對亂花。

認土色。批水（讀批）波。破鼎對漏鍋。

除靈兼撤棹（讀宅）。拔爐愛捧笈。

夭壽短命歹鬼母。

斬頭烏魚害兄批。

較蠻柴頭。挨眛行挨眛動。

眞正猫屎。擲驚死放驚飛。

第百七十五號　昭和七年四月二十六日　　子曰店主

日對暝。今對古。單厄對隻某。

小囝對大爺。合公對拜祖。

烘（叶土）南風。除西虜。豎旗對搖櫓。

呣呣食三碗。土土打七鼓。

水的甲頭尖鼻篤。

漲着會目白舌吐。

像對像對。有個伸跤有個出手。

五分五分。一平巴脊一平腹肚。

第百七十六號　昭和七年四月二十九日　　剃刀先生

搶對吞。收對找。逡（讀溫）巡對吵鬧。

勸媌對設仙。齊全對走漏。

氣半死。食袂老。張遲對等候。

爭氣不爭財。顧前無顧後。

頭壳眞像錢串尖。

面皮較慘城壁厚。

飽時袂記得枵時。愛是茗勿是草。

新的不值着舊的。大然鬖細然豆。

第百七十七號　昭和七年五月三日　　子曰店主

行對走。豎對跪。蹺酢對跔踞。

煙蛇對腥（讀錢）鼠。蠟狗對禿驢。

眞肉豆。那蕃薯。酒桶對飣厨。

怱黑講白講。畫土符淨符。

無想汝彼敢生死。

據在伊去半沉浮。

看有食無。吊肉跌死猫。

觀前顧後。扡刀探病牛。

第百七十八號　昭和七年五月六日　*子曰店主*

伊對汝。我對他。幼嫺對老媽。

大爺對細囝。飣厨對肉□。〔註19〕

猪肚面。虎頭監。唉啊對也今（叶土）。

見着掙損〔註20〕打。講甲五四三。

想悽歸心扶後斗。

驚了半路折扁擔。

詝猫拜鷄稠詝狗藏墓壙。

死厞刈韮茱死某換新衫。

第百七十九號　昭和七年五月九日　*剃刀先生*

撲對打。掙對搶。軟纏對强損。

子弟對郎君。快瀏對免攃。

騙來開。扐底創。好撩對凶莝。

食旺偷提（叶仄）衰。繳謊拳頭諺。

愛笑戲虎呵燒茶。

然像詝狗撞墓壙。

傷過省世事。護人看準古董物。

那須存財產。到尾去做火車擋。

第百八十號　昭和七年五月十三日　*子曰店主*

食對斟。養對飼。生瘡對作痢。

有埋對無醫。孤行對獨市。

〔註19〕□表示原稿字跡不清，無法辨別。

〔註20〕原稿字跡不清。但筆者推測應爲「損」。

眞大方。假細膩。折開對分離。

那學那倒攤。愈盪愈無味。

猪來窮着狗來富。

婊無情是賊無義。

歹打點。也懍擔蜂也懍數錢。

無半撇。一個剃頭一個扳耳。

第百八十一號　昭和七年五月十六日　　剃刀先生

凝對暢。哭對哼。猪索對馬鞭。

頭風對面水。通弄對卡晶。

掀龜卦。走魚腥。年尾對節邊。

常三光二暗。慣七拈八添。

愛着歹錢相甲用。

永無甘蔗双頭甜。

想看腳川敢時常會跌落礐。

卜爭體面不抵好續食着糠。

第百八十二號　昭和七年五月十九日　　子曰店主

直對橫。長對短。銃空對箭耙。

散赤對展癀。雙飛對對扯。

倒護拖。來在（叶帝）洗。扔龍對起馬。

冇蟳夯籠面。好酒沉甕底。

對頭親平頭尫婆。

前枰戲後枰傀儡（叶音加禮）。

正歹運。頭一關遇着紅毛番。

謾加講。第二報是無草鞋禮。

第百八十三號　昭和七年五月二十三日　　剃刀先生

請對辭。食對算。鬥噴對相勸。

三萬對五千。零星對歸串。

厚抄煩。賢（熬）弄鑽。了然對無映。

拳頭燒酒曲。銀水字目算。

掠目屎準作飯吞。

做匏靴不驚泔燙。

男怕上元燈女怕中秋月。

狗無下晝飯猫無暝昏頓。

第百八十四號　昭和七年五月二十六日　　子曰店主

廳對房。街對路。補呈對買賒。

有影對無聲。小心對大肚。

搶頭香。拼尾步。噴風對凍露。

袂輪夯椪柑。激食物爛芋。

彭亨〔註21〕龜會無尾屑。

奄瓜魚是缺嘴誤。

見誚袂死。海無盖井無欄。

看着會吐。猪物食狗物哺。

第百八十五號　昭和七年五月二十九日　　在公〔註22〕

喫對吞。含對啄（讀統）。却零對就總。

枰揎對籤担。墨壺對筆管。

愈有詼。那不懂。手酸對心爽。

伸頷據伊剝（叶椎）。放屎護汝羵。

也敢想要搶新煙。

莫用是在調古董。

事若應當辨錢着應當開。

飰能濫糝食話袂濫糝講。

第百八十六號　昭和七年六月三日　　子曰店主

薄對厚。短對長。正田對二園。

隔空對塞縫。單隻對十全。

眞四角。幻二胶。起赤對竪黃。

老雞母尻川。死猪仔大腸。

出頭原本會損角。

有屎溜甲煞無毛。

〔註21〕原稿爲「亨」。已於第百八十五號（昭和七年五月二十九日）正誤欄中更正。
　　　　內容如下：「▲正誤第一八四號新聲律啓蒙彭亨誤作彭享」。

〔註22〕原稿作者爲「子曰店主」。已於第百八十七號（昭和七年六月六日）更正。內
　　　　容如下：「▲正誤第百八十五號新聲律啓蒙作者乃在公誤作子曰店主」。

雞八椪請胡老爹起位。

冤枉鬼打盛光舍的門。

第百八十七號　昭和七年六月六日　善化　洪舜廷

挨對搦。打對掙。某旦對尫生。

馬形對猴相。好膽對靈精。

糊紙厝。扛香亭。止血對行經。

三人共五目。一將强萬兵。

投下水守爺有聖。

欺負土地公無靈。

做鱸鰻終歸尾有路無厝。

開查某到結局失財了丁。

第百八十八號　昭和七年六月九日　剃刀先生

辭對請。醒對迷（音棉）。走跳對交纏。

街頭對巷尾。厝頂對溝墘。

捽鹽米。包絲綿。硬扐對强箝。

跋着塊々閻。講到團々圓。

賣米粉的無汝分。

食阿片人死了年。

演武亭鳥仔聽銃無嚇翼。

柴頭港鴨母愈老那值錢。

第百八十九號　昭和七年六月十三日　在公明々

工對商。農對佃。遷延對利便。

博謼對袋恭。烏金對紅灧。

那花螺。弄柳鍊。清窮對臭賤。

害咯高低胚。嚷較大細腎（讀善）。

驚人拿伊剝猫皮。

愛我給汝撈雞腱。

能恢諧。頭売一粒珠記朝々。

免爽勢。尻川幾枝毛看現々。

第百九十號　昭和七年六月十六日　在公明々

掘對□。刨對割。□□對擂鉢。

熟手□□牙。相□□打溢 (叶土)。

賢哭□。顧哮喝。啄龜對□獺。

護人想不□。佮汝恢袂□。

有貨後□□〔註23〕恁担。

無錢先去給伊掇。

眞正好欸。亦敢目瀺目滴。

更愈歹空。應能嘴乾嘴渴。

第百九十一號　昭和七年六月十九日　　子曰店主

槌對損。打對挣。鑽耳對吊瞪。

扶跤對挺手。眞戀對假精。

痛後尾。暢大先。那害對愈零。

死人快過日。好囝勿當兵。

猪跤原本是大禮。

狗頭愶作的三牲。

勿免展。三枝毛看見々。

眞好命。一世人閒淸々。

第百九十二號　昭和七年六月二十三日　　善化　蘇友章

苓對芍。杏對查。夏秫對春砂。

金蟬對石燕。玉竹對銀柴。

龍膽草。鷄冠花。橄欖對枇杷。

達竅宜三奈。堅筋用五加。

癧瘍折傷黃木鱉。

疥瘡拘攣白花蛇。

腰部酸麻。狗脊龜觔虎骨。

精門不閉。兎絲鹿角龍牙。

第百九十三號　昭和七年六月二十六日　　善化　洪舜廷

叠對披。抽對呰。除母對分利。

土虱對水蛙。鳥鰻對紅鮋。

眞糊塗。好利害。沒衰對失敗。

子孫好腰飼。尫婿歹欵待。

滿四山無着家官。

一船儎不分同事（妯娌）。

掠魚着海埔掠豬批着相途。

做官食厝內做生理食熟視（叶土）。

第百九十四號　昭和七年六月二十九日　　臺南　林珠浦

蛇對虵。蚌對�。噪蚓對飛蟲。

靑螺對白蛤。蟋蟀對蜻蜓。

三足鼈。一鬐鯉。粉蝶對蒼蠅。

刺膚長喙蚊。悅口細鱗鯖。

得食招朋觀螞蟻。

承祧育子曰螟蛉。

鱗族甚繁鱠鯉魴鱷偕鯽鮷。

介蟲亦夥蜉蝦蟹蟻並蠔蟶。

第百九十五號　昭和七年七月三日　　子曰店主

㤟對戀。坎對悾。破格對犯空。

脫窓對業戶。報喜對奔喪。

漫假訬。眞不通。閉結對開封。

打虎親兄弟。弄空拜祖公。

未罵就夯猪頭面。

加講護着雞爪瘋。

脚步踏未在愐是脚底畏懼。

樹身竪去正使驚樹尾搖風。

第百九十六號　昭和七年七月六日　　善化　洪舜廷

煙對酒。蜜對糖。茗葉對梹榔。

烏猫對白虎。祖厝對公園。

失體面。淺腹腸。歪嘴對虬毛。

四砠一碗湯。三落百二門。

有轉食脚鬆手弄。

無趖錢頭靑目黃。

盛子愛不孝盛猪愛夯灶。

掠賊着就贓掠姦着在床。

第百九十七號　昭和七年七月九日　子曰店主

挣對撲。滅對剿。屘面對屘賢。

丟蹄對吐舌。貫鼻對鎖喉。

高低耳。大細頭。挺壁對弄鐃。

使牛去尋馬。刣雞來教猴。

眞正目屎膏無稽。

看着嘴齒涎愈流。

懍見懍誚。虎頭柑假椪面。

眞本眞錢。雞蛋米飼緣投。

第百九十八號　昭和七年七月十三日　紉秋

投對罵。癢對爬。吐目對駁牙。

碗公對床母。損狗對摸蝦。

頭毛荣。指甲花（叶泉音）。馬布對雞紗（袈裟借音）。

紅龜趖上壁。鳥鼠泅過溪。

較慘瘦猪擲定屎。

眞像戲虎呵燒茶。

囝兒不識想。串交好兄弟。

新婦帶人走。爲着歹外家。

第百九十九號　昭和七年七月十六日　子曰店主

跳對扒。行對走。夯枷對坐斗。

吊鼎對拖蓬。强牽對硬拗。

女逢（讀棒）八。男怕九。賢哀對愛哮。

褲甲有通剩（叶土）。坎是無消透（上聲）。

目雞串啄沙裡蝦。

肚猴愛食空口草。

作牛作馬。拖護子孫發錢。

賣猪賣狗。愛着主人開口。

第二百號　昭和七年七月十九日　在公明々

戲對搖。牽對按（音岸）。分開對做伴。

香菓對澀梨。一堆對另外。

龍眼試。鳳萊彈（叶土）。塞鼻對流涎（音爛）。

橄欖皮甘々。枇杷肉爛々。

仙查璉霧摻白柚。

釋迦楊桃及黃檀（菓名叶去聲）。

波蘿蜜靑梅□□〔註24〕結歸球。

佛手柑紅棗葡萄生二指。

第二百一號　昭和七年七月二十三日　善化　洪舜廷

切對磨。敲對剃。削皮對拈蒂。

白賊對紅姨。枵來對飽去。

盖糞箕。背茄莖。歹心對好意。

么二靠大六。三八沒現四。

親像老猴噴洞簫。

怱輸戀人看詨戲。

無考無名聲無廣告無時行。

有食有行氣有燒香有保庇。

第二百二號　昭和七年七月二十六日　臺南　林珠浦

桑對棗。李對桃。佛手對波羅。

批杷對莿扳。栗子對頻婆。

烏橄欖。白葡萄。璉霧對楊陶。

佳珍龍眼蜜。美味鳳梨糕。

石榴橙橘兼梅子。

甘柿荔菱並釋迦（入五歌韻）。

特產員林處々柑叢弗少。

馳名麻豆家々柚樹何多。

第二百三號　昭和七年七月二十九日　善化　洪舜廷

貧對賤。旺對興。流涎對洩精。

〔註24〕□表示原稿字跡不清，無法辨別。

單庒對隻某。凹鼻對挺（叶去聲）胸（叶土）。
小枝骨。大粒乳。偏袒對正經。
一人生五子。六代變千丁。
大丈夫敢做敢當。
男子漢能說能行。
大那像水鱟細那像土豆。
文不成童生武不成銃兵。

第二百四號　昭和七年八月三日　公明々
長對短。直對彎。內障對外觀。
留情對失志。冷淡對寒酸。
毬毛管。秉舌關。熟客對生蕃。
串々弄鬼怪。定々佮人寃。
哀々見着硬々要（讀抹）。
笑々激用軟々宣。
且慢打青驚。等伊腳頭行較熱。
恂免傷煩惱。做汝心肝放護寬。

第二百五號　昭和七年八月六日　善化　蘇友章
寒對熱。實對虛。赤芍對丹皮。
青根對黃柏。紫菀對白薇。
鐵雨傘。金鎖匙。桑葉對桂枝。
退翳宜蠶繭。還睛服兎絲。
女子通經九層塔。
婦人逐瘀五靈脂。
神粬炙芪本是升陽益胃。
人參焦朮善能養血調脾。

第二百六號　昭和七年八月九日　善化　蘇友章
遲對促。數對弦。石燕對金蟬。
珊瑚對瑪瑠。虎珀對龍涎。
金狗脊。鐵馬鞭。白芷對黃連。
中風三化飮。外感六安煎。

利膈開胸嘗枳桔。

消痰降氣服柴前。

獨聖散平肝。扶陰除赤帶。

四神丸入腎。瀉火下丹田。

第二百七號　昭和七年八月十三日　　子曰店主

　　青對白。烏對紅。吐血對流膿。

　　除皮對剝骨。手掌對腳胴。

　　世傳世。房拚房。拜伏對投降。

　　土地公管虎。觀音媽掠童。

　　歹命囝賢假軟洪。

　　惕成人閣着肚虫。

　　蠻牛惕認犁蠻馬惕認路。

　　美某在人房美花在人懷。

第二百八號　昭和七年八月十六日　　子曰店主

　　橫對直。椪對鬆。負債對逃工。

　　講情對背義。誇口對激空。

　　尿壺嘴。屎桶枋。發酵對嗅香。

　　香爐覆狗屎。錦被罩雞籠。

　　遇着頭假惕識爸。

　　未曾大就懍想尫。

　　串做夥是狗兄兼狗弟。

　　翻落來看馬母也馬公。

第二百九號　昭和七年八月十九日　　善化　洪舜廷

　　熱對凉。溫對暖。染坊對鹽舘。

　　清白對整齊。好樣對歹欵。

　　有過選。無不管。花園對藝苑。

　　六親有所靠。七孔無地喘。

　　無長頭毛可好遛。

　　有小許錢着囥轉。

　　賊仔偷挖壁啞狗就喝掠。

先生無在舘學生搬海反。

第二百十號　昭和七年八月二十三日　子曰店主

全對半。單對一。歆頭對展翼。

咬目對含唇。失神對帶疾。

假古意。無老實。清閒對亂橄。

賊心和尚面。仙棋乞食直。

倀輪訬狗在吹螺。

有影死人快過日。

看着老大一個人。柾榔作情。

講甲嘴邊二管沫。芭蕉吮蜜。

第二百十一號　昭和七年八月二十六日　善化　洪舜廷

廉對節。儉對勤。弄假對成眞。

大猪對小狗。法官對義民。

葫蘆悶。璉寶仁。後果對前因。

岳帝爺兩牙。水仙王五身。

飼鷄飼了變必羅。

看戲看到剖奸臣。

眞無膽。人驚人賊驚賊。

正好額。錢成錢銀成銀。

第二百十二號　昭和七年八月二十九日　剃刀先生

紅對靑。烏對白。幼麻對大麥。

豎空對秉平。難（叶土）擺對快提（音宅）。

好田園。歹厝宅。美衫對破笠。

拖底直々開。騙乎圓々踮。

講話串會搞鬼胎。

凡事上熬做人格（街下入聲）。

食够好死物死。要三寸釘未彈。

親像糖甜蜜甜。欠一粒米都絕（叶土）。

第二百十三號　昭和七年九月三日　剃刀先生

酸對澀。苦對甜。慫慂（銃永）對沉潛。

長條對大塊。有食對無嫌。

牽中線。使內簾。做損對相遷。

親像猴抱鎖。傷過猫食鹽。

打折手骨顛倒勇。

角錐茶盅愛着黏。

慣練使嘴鑿。歸身軀死了々。

免想搶頭香。控鼻屎食鹹々。

第二百十四號　昭和七年九月六日　子曰店主

直對橫。遠對近。悲哀對怨恨。

哮吼對喊咻。補脾對入腎。

烏龜頭。屜鳥面。綿強對慳吝。

爭氣不爭財。輸人恔輸陣。

映望土沙抔有剩。

偷夯古井也着認。

好死恔死留在別日看人死。

食盡用盡敢會到尾續自盡。

第二百十五號　昭和七年九月九日　子曰店主

恁對伊。我對汝。許個對自己。

臭耳對鬍鬚。細姨對大姊。

洗月經。替年齒。天兵（叶土）對地痞。

大樹破有柴。有粟硞無米。

見着木主抱在哭。

思量棺材恔成死。

見雞笑見狗啼見自己（叶土）某那虎魚。

交官窮交鬼死交有錢人作馬子。

第二百十六號　昭和七年九月十三日　子曰店主

根對骨。枝對葉。草包對花蘁（讀棄叶土）。

激屎對袋弓。食沙對挵藥。

夯純枷。捲草蓆。想大對嫌少。

三行二倒退。七講八恔着。

想懷佮人搶頭香。

扷着護汝嗅胐屑。

正月寒死猪二月寒倒牛。

五時好作藥六時好觸石。

第二百十七號　昭和七年九月十六日　剃刀先生

圓對尖。鈍對利（叶土）。生混對熟事（叶土）。

山鬼對監囚。輕浮對自在。

訬憹好。驕必敗。想者對看覷。

笑窮無笑賤。有利必有害。

屎佮尿卜攏總掌。

嘴參舌也會相碍。

蓋熬展凸風。家治的屎放家治香。

㤀免管閒事。隨人的佛著隨人置。

第二百十八號　昭和七年九月十九日　善化　洪舜廷

肥對瘦。健對康。公證對私通。

勞軍對動將。掃北對征東。

林投姊。火灰公。鬼卒對仙翁。

能（叶土）絕心絕行。續（叶土）無影無踪。

指頭咬着枝々痛。

腰肶提來亂々摸。

父母痛子兒親像長流水。

子兒愛父母可比樹尾風。

第二百十九號　昭和七年九月二十三日　子曰店主

零對碎。全對齊。猫屎對象牙。

猪頭對馬面。樹虱對花螺。

雞婆鴰。鴨母蹄。吊鎺對夯枷。

大猴食肉粽。戲虎呵燒茶。

腰桶邊幹辨某事。

戲枰胐豎久人的。

袋甲變牛稗。放甲那虎魚。

損着造狗扒。扷着雕龍蝦。

第二百二十號 昭和七年九月二十六日 善化 洪舜廷

行對走。閃對溜。狗肉對魚油。

雞規對鳥嘴。講笑對喝咻。

扳鹿角。拈虎鬚。忤逆對冤仇。

戀人擔重担。老公穿破裘。

用龍眼核拭脚尻。

□〔註25〕指頭仔搷目瞤。

好種不傳（吐）歹種又不斷。

橫草無捻直草也無抽。

第二百二十一號 昭和七年九月二十九日 子曰店主

請對辭。等對待。生份對熟伺。

忽識對能通。食精對殺敗。

巡七篇。赦三代。空盤對滿載。

無情兼無理。有利就有害。

損護伊脚缺手折。

忽驚汝嘴尖舌利。

有影倩人哭會無目滓。

能可自己刣通赵腹內。

第二百二十二號 昭和七年十月三日 子曰店主

毛對屑。粕對滓。未麻對假疴。

戀宋對荒唐。歹行對罔駛。

無調勢。好流擺。生菇對發彩。

米甕打銅鐘。香爐覆狗屎。

忽信會擇箸抵天。

亦想懐脫袴扔海。

忽和汝講鬼話。細脚免展。

未護人幹佛仔。大箍無采。

第二百二十三號 昭和七年十月六日 在公明々

劍對刀。鈍對利。裝傷對厲害。

〔註25〕□表示原稿字跡不清，無法辨別。

憂鬱對勝閒。強鉗對忍耐。

假屎賢。格屏乖（叶入聲）。收成對破壞。

頭目要精英。心肝袂曖昧。

辨載志攏無完全。

做生理應有失敗。

一塊園亦分伊作二七八年。

四箍銀閣護汝諫三五六代。

第二百二十四號　昭和七年十月九日　　子曰店主

行對跳。閃對逃。戀想對賢趖。

強牽對罔忍。軟限對硬摑。

鬮嘴鬮。牢脚牢。烏仔對雞婆。

聖人受囝蔭。圍汝合母無。

死鱉諍着變活鱉。

腌雞飼甲成伯勞。

父母恩天頂大天下潤。

尪婆事床頭撲床尾和。

第二百二十五號　昭和七年十月十三日　　景山

爭對辨。希對罕。貧惰對懶癱。

有情對無影。食肥對走瘦（叶土）。

戀面娟。靑頭嫺。軟限對勁挽。

失勢無半親。有錢攏是咱。

大脚查某假細蹄。

屁面契兄激光眼。

海垾濚會食慺頂動。

乞食骨未做先思懶。

第二百二十六號　昭和七年十月十六日　　子曰店主

阮對恁。伊對咱。袂行對罔等。

倒直對竪騰。激心對開眼。

轎前勇。棹頭嫺。龍船對鴿板。

有淡薄關係。無甚麼稀罕。

長賬未比得短欠。

軟限是較強硬挽。

愫囉俗米。在高州好想難映。

倒擔檳榔。上廣東食肥走瘦。

第二百二十七號　昭和七年十月十九日　　善化　洪舜廷

強對弱。敗對成。好勝對怨還。

糊塗對爽勢。判斷對歡迎。

五帝廟。一峯亭。艱苦對清閒。

老牛逃車後。礁家（翁姑）居灶前。

乞食身閣（叶土）官人嘴。

靑盲精俉（叶土）啞狗靈。

三兩人不可講四兩話。

千家富物顧得一家窮。

第二百二十八號　昭和七年十月二十三日　　子曰店主

戀對松。坎對適。詐欺對哄嚇。

猫客（讀難入聲）對馬扁。哀求對勒索。

好通哀。歹積德。強掙對硬積。

鼻空上靑苔。尻川栽大燭。

土米沙那硤有油。

磚仔廳是愫發粟。

勿用假能幹。賢聽水聲。

惚免展彭亨。放無屎色。

第二百二十九號　昭和七年十月二十六日　　在公明々

澀對酸。香對臭。痲瘋對咳嗽。

發熱對傷寒。摸蚶對打礦。

奴才胚。乞食灶。賢扶（叶土）對戀孝。

伊本愛捒盤。汝攏無計較。

送人客倩一陣吹。

迎王爺做双棚鬪。

八字排了々串講鼠牛虎兎貓。

四書讀透々未曉黿鼉龜鱉黿。

第二百三十號　昭和七年十月二十九日　在公明々

瘦對肥。低對賬。通知對出告。

煙癮對酒狂（叶土）。認眞對算錯。

有群張。無倚靠。好撩對歹做。

含着愈溢酸。食了能傷燥。

靑哥訬煮懞半碇。

白賊話講較歸套。

時間無幾寧可人情妄留。

日子未到不是天理無報。

第二百三十一號　昭和七年十一月三日　善化　洪舜廷

轉對開。嫖對賭。北番對西虜。

滿月對對年。生孫對祭祖。

五爪龍。三脚虎。出山對謝土。

呂祖廟燒金。鹿耳門寄普。

乎賊刣大空小空。

做官穿前補後補。

嫁乎狗隨（叶土）狗走嫁乎鷄隨（叶土）鷄飛。

愛卜尫爲尫煩愛卜某爲某苦。

第二百三十二號　昭和七年十一月六日　剃刀先生

甜對澀。苦對酸。有粟對粗糠。

大罈對淺鉢。鹽露對糖霜。

呌三界。走四方。起酵對抛荒。

萃牛踏無糞。死猪不畏湯。

識々人買漏酒甕。

燒々面映淸脚川。

不免傷勞煩。別人囝死懞了。

眞正可憐事（大）。公衆喪無人扛。

第二百三十三號　昭和七年十一月九日　善化　洪舜廷

鷄對鴨。狗對猪。戰甲對經衣。

精神對戇佛。空坎對呆癡。

龍目井。虎頭埤。魚市對牛墟。

能生物養飼。害死續滅屍。

亂亂賣貴無行情。

土土是俗不可醫。

大賊食小賊柔魚食墨鯛。

頂司管下司鍬鋤管糞箕。

第二百三十四號　昭和七年十一月十三日　善化 洪舜廷

喜對愁。哀對哮。飽脹對空嘔。

消納對流通。中心對尾口。

天頂飛。地下走。橫行對亂跑。

舊囚食新囚。大佬騙小佬。

蚶擘物開擘對蚌（土叶）。

虎畫不成畫變狗。

烏猫卜做提銀票摳緣投。

紅轎不坐要蚵壳車糞斗。

第二百三十五號　昭和七年十一月十六日　善化 洪舜廷

鼓對鐘。琴對瑟。吟詩對唱曲。

說諭對誦經。抄煩對推迫。

杜十娘。梁三伯。了錢對失德。

講話聽尾聲。做事看三色。

不可參人結冤讐。

卽愞乎伊來攻擊。

在世上人精眞難（叶上）醫治。

近舘邊猪母也能打拍。

第二百三十六號　昭和七年十一月十九日　剃刀先生

宋對唐。孫對蔣。勞煩對思想。

戀团對親丁。門頭對家長。

搥心肝。拍手掌。軟纏對硬搶。

食旺偷提衰。會生袂曉養。

品够三人共五目。

喫人一斤還四兩。

無能幹佛仔物免三文金紙錢就上童。

愛學話媎婆想卜一支大箍屝通好賞。

第二百三十七號　昭和七年十一月二十三日　剃刀先生

褲對衫。簪對髻。厝租對園稅。

暢舍對苦工。興旺對荒癈。

使單飛。無四配。清潔對污穢。

較慘羊勞疗。想栽魚鱗贅。

無冤仇袂結歸球。

風險貨閣行想帶（叶土）。

查某搭戰棚。目開嘴就開。

尪仔鑽錢空。頭過身都過。

第二百三十八號　昭和七年十一月二十六日　剃刀先生

淺對深。大對細。屎裙對尿帕。

怜悧對憧憬。奢盤對討債。

着龜神。測馬勢。好轉對歹拽。

食飽等候杇。未大想懷嫁。

雞母會啼着戮頭。

猪仔打死者講價。

佬仔嘴一下伸抵目眉下虬到肚臍。

媎某乳未生団收厝契生了做鼎刷。

第二百三十九號　昭和七年十一月二十九日　善化 洪舜廷

瘦對肥。高（叶土）對脹。傷寒對考燥。

却下對抹消。共謀對相告。

使內簾。穿外套。倚兌對投到。

有某子嫁粧。完朝廷國課。

因為判斷未分明。

不是冤讎攏無報。

細漢無教示飼大壞東西。

少年不風騷食老着想錯。

第二百四十號　昭和七年十二月三日　善化　洪舜廷

雪對風。雲對霧。先生對司阜。

大某對細姨。叔公對母舅。

展大聲。蓋多事。研槽對舂臼。

怱燒也着埋。有生那無孵。

賴我偷提汝錢銀。

告伊損壞咱名譽。

無轎用牛車無髻用匏靴。

有人好燒酒有個好豆腐。

第二百四十一號　昭和七年十二月六日　善化　洪舜廷

無對有。實對虛。變鬼對移屍。

熱狂對痰亂。惡毒對蹺欹。

龍目井。虎頭埤。海狗對山猪。

耳孔塞破布。身上鄭經衣。

戀小子亂開亂囷（手旁）。

序大人假（叶土）呆假（叶土）痴。

不是哮就是笑不是屎就是尿。

若能儉着會鉗若能趁着能居。

第二百四十二號　昭和八年一月三日　善化　洪舜廷

直對彎。搖對擺。假顛對眞痂。

揚氣對凸風。愛水對嫌醜。

目無金。性可改。牽功對奏凱。

頭殼揷鷄毛。鼻頭滴鳥屎。

阮兄恰我蓋有心。

恁娘生爾眞無踩。

做鬼着成鬼粧神着成神。

上山莫辭山落海莫辭海。

第二百四十三號　昭和八年一月六日　子曰店主

請對辭。抽對扳。同僚對合夥。

揷股對連財。難牽對歹擺。

進士骨。狀元粿。神昏對氣餒。

鼻空內出烟。手中心拚火。

冤枉翰林作知縣。

煩惱布政查家伙。

戀甲出面。夯屛僗曉轉肩。

記護入心。講頭着會知尾。

第二百五十一號　昭和八年一月九日　善化　洪舜廷

魷對鰻。螺對蟹。昇天對汶地。

樂暢對逍遙。上高對落低。

契兄哥。後生父。鬖靴對飯籬。

吓々食三碗。下々盡一下。

岌拳頭母挣石獅。

飼鳥鼠仔咬布袋。

新例莫應設古例莫應除。

有個喝要買無個喝要賣。

第二百五十二號　昭和八年一月十三日　善化　洪舜廷

公對媽。妗對姨。扒壁對擳籬。

酣眠對映望。戀想對多癡。

小粒子。大箍皮。忍耐對維持。

跪咧攞朮米。舉案（叶土）賣蔴糍。

持此齋着誦此經。

到彼時卽攑彼旗。

查某能食氣查哺能掌志。

要來無張遲要去無相辭。

第二百五十三號　昭和八年一月十六日　善化　洪舜廷

櫃對櫥。床對椅。批評對排比。

討債對報讎。送喪對冲喜。

扚虎舌。搣馬齒。別人對自己。

放屎逃性命。做賊偷抓米。

僗輸戀佛嗅香煙。

親像蒼蠅攢屎疕。

歹厝能累某歹鑼能累鼓。

好鍼較快折好人較快死。

第二百五十四號　昭和八年一月十九日　　子曰店主

窮對苦。富對貧。惡犯對流氓。

老奴對幼嫺。戀佛對奸臣。

狗咋日。雞報寅。出氣對失神。

掠護對々々。想甲仁々々。

講錢講着枵寒餓。

想銀想够烏暗眩。

有影曝日是僺瘶食風是僺飽。

真正上天物識神落地物識人。

第二百五十五號　昭和八年一月二十三日　　在公明々

攝對裁。縫對剪。柴梳對紙撚。

吊鏡對圍屏。柱聯對牌匾。

雨傘頭。風吹輦。同謀對相演。

調遲激戀神。莫用傷賢屏。

可憐伊正未死心。

好笑汝真敢生癬。

興飲々愈少物飲々愈多。

能交々較深袂交々較淺。

第二百五十六號　昭和八年一月二十六日　　剃刀先生

澀對酸。鹹對洴。有聲對無影。

細裂對大空。漏鍋對破鼎。

凝心丸。收涎（讀爛）餅。三催對五請。

串遇崛頭王。愛拐了尾团。

豬八戒犂紅柿山。

聞太師上絕龍嶺。

目瞤挂門籬。鼻孔口上青苔。

巴脊背黃巾。腹肚邊安鐵片（叶土）。

第二百五十七號　昭和八年一月二十九日　善化　洪舜廷

分對合。謝對開。折散對歸堆。

田園對厝宅。地板對樓梯。

尙利害。惹是非。銀角對銅鐳。

有影牽牛刈。不可噴雞歸。

桃花面閣鮇魚嘴。

關門尾續大尿綏。

入山看山勢入門看人意。

做官併官氣做狗併虎威。

第二百五十八號　昭和八年二月三日　善化　洪舜廷

飲對食。喫對呫。魚丸對蝦捲。

手幼對脚尖。小香（叶土）對肥軟。

有增差。無打損。安符對出榜。

做事慢拖沙。講話賢轔轉（叶土）。

七娘媽着孝米糕。

五穀王能試甘檬（叶晚）。

眞冤枉。烏狗偷食白狗受罪。

有福氣。前人栽花後人蔭影（叶土）。

第二百五十九號　昭和八年二月六日　善化　洪舜廷

陷對崩。挑對攕。三孔對六隙。

猴母對猪哥。雞爬對狗搕。

眞好性。盖歹癖。歹銅對舊錫。

沃荣擔漾桶。淹田掮屎嘟。

搰搰纏假訬假顚。

亂亂講無影無隻。

不可相濫。魚凡魚蝦凡蝦。

愛卜較省。籬併籬壁併壁。

第二百六十號　昭和八年二月九日　剃刀先生

內對外。頂對下。有閑對無藝。

強搶對硬吞。獨得對相坐。

盖熬（賢）天（顚也）。無够地。太高對傷低。

大姨送大丈。後母出後父。

做婊趁抵生瘡了。

生囝袟閤脫胎會。

有人好燒酒有人好豆腐。

一個賣鸞靴一個賣飯籬（讀麗）。

第二百六十一號　昭和八年二月十三日　　子曰店主

走對趖。行對坐。昇高對落下。

放直對毆橫。求情對越例。

開嘴蚶。無目鱔。講通對投仟。

孫臏激瘋癲。蘇秦假不第。

據在汝硬限硬挽。

敢有人強買強賣。

弱（讀覽）馬賢拖篷老馬會展毬。

烏狗來偷食白狗去受罪。

第二百六十二號　昭和八年二月十六日　　善化　洪舜廷

幼對粗。薄對厚。書房對學校。

暗訪對密查。驚刨對防餃。

都督魚。荷蘭豆。現兌對免找。

會講排做前。慢行卽壓後。

十五暝着行大路（肚）。

廿九漏盖好時候。

有姻勿曉使有錢勿曉開。

無日不知鬪（午）無鬚不知老。

第二百六十三號　昭和八年二月十九日　　善化　洪舜廷

高對下。直對趨。學剃對用揍。

下鍋對抛網。挨礱對牽龜。

盖坎氣。眞迂拘。蟋蟀對蜘蛛。

有生那無孵。未贏先相輸。

欉仔蒂掠準是錢。

魚目瞷認做眞珠。

今年起新店明年娶新婦後年起新大瓦厝。

正月寒死猪二月凍死牛三月寒死播田夫。

第二百六十四號　昭和八年二月二十三日　剃刀先生

倒對趨。搖對戲（叶土）。對講對相諍（叶土）。

香屁對臭頭。落詼對起岬。

使手刀。掇毛箭。那裡對什麼。

搶灰輪棺材。無枷夯門扇。

激够身勢紅々々。

無睬文章見々々。

熬噴鷄規仙講話着四六聽。

較醜查某团上轎會十八變。

第二百六十五號　昭和八年二月二十六日　子曰店主

恁對伊。我對汝。私情對公理。

閒話對有談。強挣對硬舉。

銅牙槽。鐵嘴齒。袂生對假死。

講甲眞抵眞。娶去喜冲喜。

想着够鑷較冷灶。

親像在礪仔疊碟。

情理衆人的。扐猪來抵蹄。

扱繳蚶殼起。作賊偷摸米。

第二百六十六號　昭和八年三月一日　善化　洪舜廷

追對逐（叶土）。坐對蹲（叶土）。跑馬對騎驢。

掠龍對打虎。菁桶對飯厨。

牽水狀。畫土符。空坎對訬如。

萬金是不富。五子能絕嗣。

鷄膏誤認準米醬。

芋仔看做是蕃薯。

敢做纂兄惣受得柺寒餓。

賢打某子着算是猪狗牛。

第二百六十七號　昭和八年三月三日　善化 洪舜廷

牽對縛。掛對愣。豆醬對蚵鮭。

柔魚對干貝。墨鯽對香螺。

猪哥嘴。鴨母蹄。米斗將粟鈀。

戀虎咬炮紙。子弟穿蒲鞋。

頭無愛梳面無愛洗。

肩不能挑手不能提。

上天挽仙桃地下咬銅鑼。

內山種好茶海口出龍蝦。

第二百六十八號　昭和八年三月六日　善化 洪舜廷

前對後。古對今。棺槨對衣襟。

荒唐對斟酌。打鐵對燒金。

腸肚淺。字墨深。暗行對陰忱。

早煮閣晏食。緊津着聾斟。

關公張飛扶劉備。

善才良女朝觀音。

要挼被牛鼻勿挼被牛尾。

能生得子身沒生得子心。

第二百七十號　昭和八年三月十三日　剃刀先生

死對活。生對孵。笑科對話堵。

尾囝對頭人。家婆對國舅。

懍曉見。眞多事。土礱對春臼。

來的時空々。我見汝霧々。

白目佛串蔭外境。

烏盆鬼隸賣豆腐。

一年是新婦二年是司阜。

五更起大厝六更折懍赴。

第二百七十一號　昭和八年三月十六日　善化 洪舜廷

結對纏。推對俥。掠猴對射雁。

公衆對獨單。共謀對相贈。

做風颱。會曠旱。聰明對咸慢。

做事無諒情。討錢有寬限。

巴脊後着發目睭。

面前堂眞有人辦。

暗々日較贏此月光暝。

奶々X忉輸被乞食屜。

第二百七十二號　昭和八年三月十九日　善化　蘇友章

燥對涼。毒對劇。硫黃對銅綠。

輕粉對重曹。首烏對中白。

馬蹄金。鵝管石。草蔻對木賊。

消風用薄荷。瀉喘加葶藶。

解鬱調經甞桂牛。

通淋利水服猪澤。

尤附一方本是扶陰益腎陽。

參苓二味善能養血生津液。

第二百七十三號　昭和八年三月二十三日　子曰店主

徙對移。遷對迫。强拖對硬責。

起坎對出怂。漫番對免隔。

有手酸。無心適。假賢對眞忒。

屜拋捐擂槌。尻川栽蚋灼。

驚恁許的烏頭鬃。

免汝一枝死尾竹。

人講愛食枵鬼閣假硬氣。

猫推倒泔與狗造生公德。

第二百七十四號　昭和八年三月二十六日　善化　蘇友章

紅對綠。白對烏。赤芍對紫蘇。

河車對海馬。蛤蚧對蝦蟆。

五根草。九節蒲。桔梗對楂梧。

卷柏通經閉。澤蘭破血枯。

清熱消煩加竹瀝。

祛邪截瘧倍柴胡。

肺痿肺癆。冰糖調和白木耳。

喉蛾喉瘍。梅片配合紅棺菰。

第二百七十五號　昭和八年三月二十九日　*剃刀先生*

出對入。去對來。猴相對鷄臺。

呼三對喝六。鬱悶對詼諧。

牛大伯。狗奴才。得志對發財。

較慘當面搶。掠去倒頭埋。

憖歹逐個交尾指。

講話張遲脫下貶。

猪來窮狗來富猫來起大厝。

三歲乖四歲崖五歲掠來刣。

第二百七十六號　昭和八年四月三日　*善化　洪舜廷*

四對三。么對二 (叶土)。走開對逃碰。

合倚對散開。較近對眞遠 (叶土)。

若相連。物掇斷。轉身對返臟。

都有得交關。續無相借問。

銀茶罐做金茶礶。

烏鷄母生白鷄蛋。

男子得田園女子得嫁粧。

有人孝牲醴無人孝茶飯。

第二百七十七號　昭和八年四月六日　*子曰店主*

挣對打。吊對縛。强牽對硬彎。

無轉對有拖。戀撾對亂搦。

吞靑膏。挫黑墨。小七對囂六。

大跤蹋細跤。烏目抵白目。

猫屎串配豆豉蒲。

狗頭滴着麻油濁。

想錢徹心無想會拜飯斗。

驚火燒厝物驚跌落屎礐。

第二百七十八號　昭和八年四月九日　善化　蘇友章
　　舌對喉。牙對齒。胡桃對郁李。
　　紫草對紅花。黃芩對白芷。
　　火犀角。山狗尾。知母對防己。
　　補心服棗仁。安神嘗柏子。
　　療瘵壯陽膃肭臍。
　　收堅增肉胭脂米。
　　塡精益腎芎地四神合蓯蓉。
　　養血寧心歸芎二茯加枸杞。

第二百七十九號　昭和八年四月十三日　善化　洪舜廷
　　瘦對肥。高對矮。肉油對骨髓。
　　湳肚對挺胸。目睭對嘴胚。
　　縛鹽粽。炊甜粿。賢牽對難擺。
　　象蜅閹生菰。嗅枯兼過火。
　　中進士續入翰林。
　　請公親來分家伙。
　　濫々開。無了着工也了着錢。
　　亂々做。不責治頭能責治尾。

第二百八十號　昭和八年四月十六日　善化　蘇友章（病名）
　　吐對瀉。漏對崩。積血對遺精。
　　傷寒對中暑。五疳對七情。
　　氣不順。血妄行。肝癌對肺癰。
　　肛門鷄冠痔。膝下牛頭疔。
　　瘧疾脾寒濕傷胃。
　　咳嗽肺炎痰結胸。
　　眼睛縮小。長嘗補腎能光耀。
　　瞳神散大。不服鎮肝定失明。

第二百八十一號　昭和八年四月十九日　善化　洪舜廷
　　戰對征。降對叛。移民對赦犯。
　　艱苦對憂愁。懇求對欣羨。

牛嘴拐。狗屎撰。歸依對發願。

能食土食糞。要穿綢穿緞。

交陪着人面獸心。

做事愛天反地亂。

在楚着爲楚在秦着爲秦。

遇府要食府遇縣要食縣。

第二百八十二號　昭和八年四月二十三日　　善化　洪舜廷

唇對齒。舌對喉。返臟對弄鐃。

開行對坐店。起厝對疊樓。

西國米。東洋鮑。騎馬對吊猴。

因爲鯉料到。不是厨子賢。

提破龜粿堵乞食。

用鷄卵米飼緣投。

虫趖入狗砠壽準無命。

猴扒上旗杆尾蓋盡頭。

第二百八十三號　昭和八年四月二十六日　　子曰店主

悾對坎。戀對賢。錢串對緣投。

尫婆對子弟。正貨對假包（讀鮑）。

馬誤馬。猴咬猴。跳索對弄鐃。

甘心撕破面。袂死忽斷喉。

摺鴨母無採麵線。

食果子着拜樹頭。

我金我玉啊心肝長心肝短。

想來想去卽目滓滴目滓流。

第二百八十四號　昭和八年四月二十九日　　情禪（集聊目）

鴻對象。龍對狼。野狗對新郎。

狐諧對鼠戲。績女對宦娘。

于去惡。褚遂良。鳥語對牛瘟。

人妖胡四姐。酒狂李八缸。

役鬼跳神單道士。

捉狐斫蟒九山王。
五羖大夫募緣鬼作筵閻羅宴。
三朝元老攝政妾繫賊王子安（叶）。

第二百八十五號　昭和八年五月三日　子曰店主

長對大。躴對矮。正翻對倒扯。
強掙對硬埋。緊斟對捷洗。
痴哥鰲。〔註26〕查某體。掠猴對騎馬。
甲敢開大言。物驚賣小禮。
驚X㤉梳大頭鬃。
無空免激世家底。
那㤉實々在々話頭着踏護正。
慢應白々賊々事眞是難得假。

第二百八十六號　昭和八年五月六日　子曰店主

坐對行。來對去。訬體對悾氣。
戇佛對庫神。前生對現世。
請甲辭。搖準曳（叶土）。貪眠對失志。
無着無煩惱。有仵有保庇。
一面抹墻双面光。
前棚傀儡後棚戲。
眞靑冥。目睭插帶在許褲頭。
㤉趕緊。屐抛挐來咬惦嘴裡。

第二百八十七號　昭和八年五月九日　善化 蘇友章

榮對衛。陽對陰。廣木對鬱金。
菖蒲對蘄艾。荷葉對桂林。
菉豆殼。蓮子心。白芍對黃芩。
鎭心用金薄。降氣加水沉。
大戟苑花兼海藻。
小英萱草及埔吟。
橘絡白薇本是消痰化氣。

〔註26〕原稿字跡不清。但筆者推測應爲「鰲」。

柿霜紫菀善能潤肺清音。

第二百八十八號　昭和八年五月十四日　善化 蘇友章
　　硝對磺。片對腦。烏梅對紅棗。
　　琥珀對珍珠。珊瑚對瑪瑙。
　　蒲公英。益母草。乙金對双寶。
　　清骨飲銀柴。固精服金鎖。
　　宣風入肺用木瓜。
　　截瘧温脾加草菓。
　　丸吞六味滋陰瀉火無停。
　　膠取四珍益壽延年不老。

第二百八十九號　昭和八年五月十六日　善化 蘇友章
　　彫對刻。做對粧。醋甕對酒矼。
　　爾兄對我弟。祖厝對公園。
　　脚有目。頭無毛。苦洘對鹹酸。
　　激破頭殼髓。餓死腹肚腸。
　　三句眞定二句冇。
　　一面抹牆双面光。
　　儚干涉。爾着有頭甲有尾。
　　無關係。我若敢做着敢當。

第二百九十號　昭和八年五月十九日　子曰店主
　　講對談。猜對謎。有行對無市。
　　有賬對空盤。求財對得利。
　　献花頭。寫草字。參商對準備。
　　參汝送小心。護人搧大耳。
　　尪賢趂着某賢牽。
　　賊無情是婊無義。
　　正艱苦。做牛做馬在拖磨。
　　盖歡喜。生囝生孫好育飼。

第二百九十一號　昭和八年五月二十三日　子曰店主
　　吞對吐。漏對嘔。安心對開口。

出手對扶脚。慢行對緊跑。

夯紙枷。背墨斗。草猴對臘狗。

舊囚食新囚。大佬刼小佬。

敢着小可氣暢忍。

惚通想愫死倒走。

講甲五四三也惚驚舌頭爛。

食到六十九生一個脚尾哮。

第二百九十二號　昭和八年五月二十六日　剃刀先生

開對關。折對搭。草書對花押。

軟母對諍王。起伽對落挿。

損番頭。賣戀肉。刣猪對炐鴨。

講錢都圓纏。作事愫敢甲（感覺）。

好頭彩永歹尾擺。

掯鼻糊閣搵爛貼。

棺材扛上山惚燒也着埋。

老鼠泅過溪儘人都叱撲。

第二百九十三號　昭和八年五月二十九日　子曰店主

咻對嚷。諍對諫。强拖對硬按。

倒挿對竪埋。濫開對亂擲（讀旦）。

眞詼諧。假能幹。無消對有趣。

賺一肚私空。辨無頭公案。

草仔墓會出狀元。

乞食寮在選好漢。

一世人好運敢亦無十全。

據在汝偌賢都袂攝雙層（讀贊）。

第二百九十四號　昭和八年六月三日　善化　蘇友章（病名）

迷對亂。癲對狂。入毒對發癀。

拘攣對麻痺。亡陰對失陽。

手肨癉。腿頭膿。毛虎對鼻龍。

肺癆臟細菌。脾疳積廻蟲。

內傷因飲食無度。

下痢爲消化不良。
白木散効能善醫胃腸病。
黃連膏特色專治湯火傷。
▲附註▼黃連膏乃善化南昌藥房特製品

第二百九十五號　昭和八年六月六日　剃刀先生

啼對哭。罵對褒。火性對風騷。
看天對鑽地。走水對奔波。
太壅腫。老風騷。鹹汫對鮮臊。
串堵風險貨。想刦火燒炁（叶土）。
僫抱囝又閣夯鼎。
刣死人物免用刀。
蚶扒袂開更較免想蟯仔。
猴食無够那有通着猪哥。

第二百九十六號　昭和八年六月九日　善化　蘇友章

痘對疹。痲對斑。芍藥對牡丹。
大黃對小皀。海石對淮山。
三聖散。六神丸。穿甲對射干。
枸杞堅筋骨。葳蕤潤容顏。
紅花產地稱華夏。
白芷偏名號吉安。
秋夏双期患者多逢中暑。
春冬兩季病家輙遇傷寒。

第二百九十七號　昭和八年六月十三日　子曰店主

嚷對咻。喝對哄。眞衰對假㤝。
罔去對慢行。双空對五鬃（上聲）。
臭尻川。歹面孔。住龜對變蚊。
愈醫愈大枝。那想那歹紡。
親像死猪賢鎭坫。
袂輸皮猴藏破籠。
食飽在換枵。無枷夯門扇。

出頭着損角。擧〔註27〕刀分銃桶。

第二百九十八號　昭和八年六月十六日　　善化　洪舜廷

尺對秤。升對斗。添丁對點卯。

肉粿對蚵蹄。蔴糍對米荖。

死心丸。返魂草。賢孱對愛哮。

愈磨愈白滑。那搜那烏黲。

要盤查某着厝邊。

愛食鮮魚在海口。

天平地不平。婆姐母目靑盲。

汝走我也走。水手爺嘴啞狗。

第二百九十九號　昭和八年六月十九日　　善化　蘇友章

血對精。生對育。柑子對橘肉。

石燕對金蟬。銀柴對玉竹。

靑花桂。綠蒂菊。黃芩對赤芍。

散瘻嘗海藻。健脾宜山藥。

破癥除瘕佐丹參。化氣安魂加白茯。

蓯蓉五味滋腎水而有餘。

枸杞二仙補陽精之不足。

第三百號　昭和八年六月二十三日　　善化　蘇友章（麻雀語）

春對夏。秋對冬。白板對紅中。

梅蘭對菊竹。靑發對烏東。

七對子。壹條龍。南圈對北方。

前面摠三鐲。邊胐降五筒。

摩來壹入聽兩面。

惣等双頭到孤腔。

落場牌惣入。此圈允凍悽發電。

起手花無補。頭囘那臭着角莊。

第三百一號　昭和八年六月二十六日　　剃刀先生

解（叶土）對包。收對擲（叶土）。衫裾對鈕瓣（音盼）。

〔註27〕原稿字跡不清。但筆者推測應爲「擧」。

老戲對新囚。姿娘對血漢。

傲營爲。無能幹（叶土）。傷肥對太散。

食飽等候桿。糜開慟討趁。

龍公七八返回家（賭語）。

驢仔十一上公層（同）。

媽祖港匏仔嫂那老閣那美（叶土）。

鳳山縣王廷幹看錢無看案。

第三百二號　昭和八年六月二十九日　善化　蘇友章

暝對日。暗對光。豆醬對米糠。

跤浮對手閃（讀薛）。頭靑對目黃。

中梅毒。起痞瘡。曝日對凍霜。

桿雞慟惜篙。死猪無畏湯。

大目新娘尋無灶。

濶嘴查某食嫁粧。

全然甲懷行。咬瓜子仁駛嘴托。

眞正好輋指（讀宰）。用龍眼核拭尻川（叶土）。

第三百三號　昭和八年七月三日　善化　蘇友章

詩對賦。文對字。栽培對醫治。

拜佛對謝神。應酬對做忌。

歹剃頭。好搖飼。奴才對媚婢。

啞狗講善書。生盲看告示。

作穡拋荒變草埔。

生理交易恰利市。

也着有高有低。高那山低那海。

不可無大無細。大是兄細是弟。

第三百四號　昭和八年七月六日　善化　洪舜廷

銅對鐵。錫對銀。狼狽對麒麟。

掠龜對走鱉。損打對飮津。

眞自在。能拋塀。惡毒對孤貧。

親像魚落網。不是虎琢眠。

手骨抽較酸軟痛。

頭売把着烏暗眩。

無天無良。能（叶土）使蛇弄鼠。

絕心絕行。賢（叶土）迫虎傷人。

第三百五號　昭和八年七月九日　善化　洪舜廷

社對莊。城對市。安排對齊備。

歹団對好官。探聽對巡視。

點燈酉。洗碗己。橫財對厚利。

那學那倒攤。愈燙愈無味。

無冤家不成夫妻。

有情義結做兄弟。

枰頂有彼號人枰下也有彼號人。

紙頭無汝名字紙尾啞無汝名字。

第三百六號　昭和八年七月十三日　剃刀先生

蟳對□。〔註28〕魚對蝦。草蜢對花螺。

銀紙對鐵筆。竹莉對柴耙。

愛哭面。流爛腮。水甲對油蹄。

老牛哺幼笋。戲虎呵燒茶。

走到尾仔直々々。

甲着頭殼犁々々。

送小心。夯色褲枷揷雞毛筅。

講大話。食眞珠糜配鳳眼鮭。

第三百七號　昭和八年七月十六日　善化　洪舜廷

光對暗。濁對淸。秉肚對献胸。

假胒對變面。凹鼻對吊丁。

水晶鏡。玻璃燈。小廟對閑間。

着甲微較密。不可放傷寧（叶土）。

腳川痒去石碣砌。

嘴齒痛用斧頭銎。

〔註28〕□表示原稿字跡不清，無法辨別。

眞金不怕火眞人莫說假話。

好鐵伓打釘好子無愛當兵。

第三百八號　昭和八年七月十九日　　善化　蘇友章

穴對巢。營對寨。上天對汶地。

東倒對西歪。高奢對扒低 (叶土)。

有事業。無工藝。呆空對好厦。

冤家結親家。子弟變璉弟。

牛角皷吹四五聲。

馬頭鑼摃〔註29〕十三下。

虎母雖歹無掠虎子咬食。

猪仔飼大伓認猪哥做父。

第三百九號　昭和八年七月二十三日　　善化　洪舜廷

黃對白。綠對紅。石磨對土壟。

月琴對風鼓。返厝對探房。

靑面虎。烏肚虫。箸籠 (去聲) 對籤筒。

打嬴提去食。剖輸繬 (叶土) 投降。

歹積德弄家散宅。

有本錢坐店開行。

想要好額敢能變乞食。

是得跳童掠做好勢人。

第三百十號　昭和八年七月二十六日　　善化　蘇友章

爐對灶。鼎對鍋。六輦對五魁。

展威對懷勢。揚氣對落衰。

地下走。天頂飛。訂悖對激詼。

洗面能 (叶土) 碍耳。剃頭繬 (叶土) 噴吹。

有聊着想開茶店。

無錢卽激死身批。

虎姑婆慣練一生食人肉。

猪哥姆來伴五娘賞燈花。

〔註29〕原稿字跡不清，但筆者推測應爲「摃」。

第三百十一號　昭和八年七月二十九日　善化　洪舜廷

淨對丑。且對生。借將對搬兵。

探郎對戲叔。盜甲對鬧丁。

双合印。九連燈。教子對別兄。

火燒紅蓮寺。水淹泗洲城。

刺虎斬蛟雄黃陣。

換龍戲鳳牡丹亭。

楊五郎出家。漆匠嫁女。

劉二姐進廟。浪子燒靈。

第三百十二號　昭和八年八月三日　善化　蘇友章

金對玉。銀對銅。拋椗對掛航。

放兵對犒將。發乩對跳童。

靑面虎。烏肚虫。外郊對內行。

瘦猪瞪定屎。老馬展雄鬃。

惚去驕伊辨眞假。

儱來佮我見烏紅。

交陪々々。爾送我我送爾。

傳世々々。人生咱咱生人。

第三百十三號　昭和八年八月六日　善化　洪舜廷

早對晏。緊對慢。相送對助贈。

歹講對好聽。帶衰對落難。

十所千。百外萬。走狗對飛雁。

無双樣客情。有一個人辨。

能假參能假肉桂。

惚成屜惚成度段。

要乎伊侵。無愛乎我侵。

着共神限。不可共人限。

第三百十四號　昭和八年八月九日　善化　洪舜廷

冬對夏。秋對春。飲酒對點煙。

逍遙對樂暢。唱曲對喝拳。

嘴舌利。目睭鈍。孼子對戀孫。

若四六倒掛。着二八蔭分。

海無攤井是無蓋。

飯惚食湆又惚吞。

橫々做橫々着。橫々行橫々撞。

直々食直々伸。直々儉直々腧。

第三百十五號　昭和八年八月十三日　　善化　洪舜廷

躂對搒。杷對欼。扣除對相找。

加減對增差。無消對應効。

虎頭柑。馬齒豆。月日對時候。

若無眞幼秀。愛着較粗厚。

查某美人無美命。

棺柴貯死不貯老（叶土）。

一隻牛若要剝双領皮。

丈二槌也着留七尺後。

第三百十七號　昭和九年二月二十三日　　善化　洪舜廷

舌對唇。牙對齒。收驚對冲喜。

國母對家婆。善才對良女。

結寃仇。聽道理。魚丸對蝦米。

錢孔伫錢串。竹棹對竹椅。

能三胅跳二胅跳。

有一樣生百樣死。

苦籃盤也想要假松心。

歹司公續遇着好日子（叶土）。

第三百十八號　昭和九年二月二十六日　　剃刀先生

二對三。七對八。平々對仄々。

短日對長冥。春分對冬節。

賣油郎。凍霜客。歡喜對苦戚（讀冊）。

未老起翻顛。無食假打噎。

笑乞食卜趕廟公。

認李逵看做蓼客。

慣打來葉（鳶）。雞母會啼着斬頭。

無食仙桃。羊仔死目惚願闔（叶客）。

第三百十八號　昭和九年二月二十八日　子曰店主

謗對謊。咻對喝。強拖對硬折（叶土）。

戴鑼對夯枷。牽沽對落札。

照頭行。起腳躄。天貢對地八。

鼻空會出烟。手頭眞正殺。

食精家伙者臭乾。

屎緊褲帶打死結。

鑽錢空會顧錢空也會。

出門禮識入門禮惚識（叶土）。

第三百十九號　昭和九年三月三日　子曰店主

漲對消。鎔對爛。同行對作伴。

立約對出封。生油對流汗。

龍眼試。鳳萊彈（去聲）。交纏對替換。

冬至日頭長。春寒雨那濺。

護汝放屎尋無跡。

看人食物着流涎（叶土）。

有偌大。好額免献空頭。

差不多。相打無過田岸。

第三百二十號　昭和九年三月六日　剃刀先生

劍對鎗。枷對鎖。文生對武老。

龍袍對虎盔。鳳冠對蟒襖。

斬龍王。刣鷄母。嫌呆對喝好。

笑死程咬金。病挑安殿保。

古城會關公訓弟。

翠屛山石秀〔註30〕殺嫂。

男莫學百里奚女莫學買臣妻。

〔註30〕原稿爲「武松」。已於第三百二十三號（昭和九年三月十六日）正誤欄中更正。
　　　内容如下：『（三、六）新聲律啓蒙「石秀」誤作「武松」』。

有人救李世民無人救秦叔寶。

第三百二十一號　昭和九年三月九日　　麻豆　聯璧

酸對苦。幼對粗。屎桶對尿壺。

拭巾對積布（積叶查字入聲）。褲帶對帽箍。

鬚素素。毛鬍鬍。轎夫對某奴。

鼻空塞紙輦。XX糊爛土。

卜尋契兄六塊屑。

愛趄查某三重埔。

眞不畏食酒顚顚醉。

正胡塗清鼻亂亂糊。

第三百二十二號　昭和九年三月十三日　　麻豆　聯璧

損對爭。磨對研。鳳梨對龍眼。

鐵竈對銍鍋。匏靴對鼎笓。

自動車。飛行艇。縐紋對攝頃。

爾眞敢呵燒。我攏不驚冷。

一枝手愛亂亂摸。

二粒乳閣平平腫。

飲酒展風神。查某攬來身軀邊。

了錢失體面。契兄死住腹肚頂。

第三百二十三號　昭和九年三月十六日　　子曰店主

加對減。利對鈍。入霧對出煙。

強拖對硬搶。掛帥對充軍。

拼尾注。照頭分。娘子對郎君。

卜好姑換嫂。講暢媽生孫。

拾着錢假忿識路。

撏倒米煞掬有剩。

聖聖佛抵遇悾俺弟子。

好好人犯着無救天尊。

第三百二十四號　昭和九年三月十九日　　善化　洪舜廷

咻對喝。叫對呼。細粒對大箍。

　　祖家對公舘。和尙對尼姑。

　　毛毯々。皮粗々。發蛀對生菰。

　　日々修苦行。代々出鹽烏。

　　有樹木着有鳥宿。

　　要園稅也要官租。

　　生理要做店窓着油漆。

　　作穡貧憚田園變草埔。

第三百二十五號　昭和九年三月二十三日　　善化　洪舜廷

　　破對裂。缺對碎。㞗尿對放屁。

　　稀罕對粗俗。嗅賤對高貴。

　　慰勞金。交際費。帶衰對恐畏。

　　單身眞淸榮。多子較濫累。

　　燈心脚恰麻骨手。

　　葱管鼻閣菱角嘴。

　　若嫁尫脚不縛若娶某冊不讀。

　　常見官心物畏常食酒人物醉。

第三百二十六號　昭和九年三月二十六日　　子曰店主

　　賒對欠。還對討。强掙對硬保。

　　囝婿對某奴。寄罪對出考。

　　眞猖狂。假顚倒。痴哥對賴母。

　　掠來朝五牲。X乎過四草。

　　大食新娘歸碗扶。

　　巷仔口嫂見擔好。

　　會曉敬招財王袂曉敬孔子公。

　　有人救李世民無人救秦叔寶。

第三百二十七號　昭和九年三月二十九日　　剃刀先生

　　講對呾。話對羌（叶土）。袂用對熬張。

　　破鑼對響皷。扁鑽對長鎗。

　　五股辮。双節鑲。迦陵（加令）對鴛鴦。

　　卜擔一石米。盡央這枝香。

　　袂輸老猴食薄荷（婆貨）。

親像鳥鼠搬生薑。

人袂洇索拖屛抛揞水。

戲好看不管蚵仔出漿。

第三百二十八號　昭和九年四月三日　　子曰店主

肥對瘦。重對輕。會聖對袂興。

赫衰對起庫。背義對忘恩。

無細利。相認眞。激骨對糾肋。

拖衫準棹布。無褲圍脚巾。

卜生着栽花換斗。

最好是斬草除根。

一暝摸甲光。頭無梳面無洗。

過後即知事。人着舊物着新。

第三百二十九號　昭和九年四月六日　　善化　洪舜廷

呼對吸。嗽對咳。角箆對柴梳。

上山對落嶺。出海對過溪。

陳運使。劉欽差。茶露對藥渣。

卜卦犯五鬼。看命帶双妻。

有毒最忌豬母肉。

食熱着煎鷄仔胎。

加水加豆腐加小工加司阜。

好布好綿紗好媳婦好大家。

第三百三十號　昭和九年四月九日　　善化　蘇友章

强對弱。柔對剛。秦漢對周倉。

牛皋對馬謖。焦賛對孟良。

李存孝。張獻忠。柴進對林冲。

平蠻楊文廣。開臺鄭成功。

說反殷郊申公豹。

奪囬阿斗趙子龍。

三顧草廬。正是劉玄德請諸葛亮。

兩面相似。誤認關帝爺戰尉遲恭。

第三百三十一號　昭和九年四月十三日　　善化　蘇友章

兄對弟。某對尫。戶扇對門窓。
箱厨對桌櫃。眠床對踏枋。
吐血鳥。採花蜂。六隙對三空。
鴛鴦咬蟋蟀。草蜢弄鷄翁。
一日無食省三頓。
三年賢儉强一冬。
多牛踏無糞多狗相看睏。
呆田望後冬呆某壹世人。

第三百三十二號　昭和九年四月十六日　景山
墻對壁。厝對庭（叶土）。國號對地名。
後鄉對前鎮。右冲對左營。
赤山堡。滾水坪（叶土）。新廍對舊城。
凹底竪允當。旗尾住（叶土帶客）不驚。
支那通關基隆港。
埔裡經由外車埕。
高雄號打狗。舊時元屬鳳山縣。
府城名赤崁。維新初改臺南廳。

第三百三十三號　昭和九年四月十九日　善化 洪舜廷
三對七。四對一（叶土）。搖尾對展翼（叶土）。
勇健對平安。破病對帶疾。
紅目猴。烏嘴弼。聽風對照日。
十個八個嫐。三管二管實。
十濫八濫屎恰醬。
一好二好糖攪蜜。
痞哥食燒鷄無想卜好。
隱居死過年物得朝直。

第三百三十四號　昭和九年四月二十三日　子曰店主
文對武。旦對生。拜斗對盜鈴。
搖船對卸甲。掛師對借兵。
取木棍。看花燈。罵殿對哭靈。

劉備棄新野。馬謖〔註31〕失街亭。

平南蠻七擒孟獲。〔註32〕

臥龍崗三請孔明。

李老君顯化三淸一氣。

孟姜女哭到萬里長城。

第三百三十五號　昭和九年四月二十六日　景山

街對巷。匾對碑。扳繳對圍棋。

成群對結黨。藝妲對娼妓。

靑面虎。烏皮猪。塞（叶土）腹對空虛。

有錢開查某。無聊跳童乩。

頭戴紗帽讓汝爽。

身穿破衣〔註33〕被人欺。

出門仁々惹々入門苦死人某子。

討錢王々威々欠錢兀莿激獸痴。

第三百三十六號　昭和九年四月二十九日　子曰店主

煎對炒。煮對炊。嘴闍對目花。

袂啼對愛哭。會攝對賢吹。

夯某枷。害兄批。出土對埋灰。

無空兼使派。跌倒假落科。

鬪脚老戲是無久。

斬頭烏魚袂曉哀。

是愛咱銅伆是興咱人。

未曾想行着想要學飛。

第三百三十七號　昭和九年五月三日　剃刀先生

直對蹺。笞對簸。調遲對順續（土叶）。

夾扁對搓圓。箍好（叶土）對摃破。

鷄袂啼。狗相帶。有閑對無暇（音掛）。

打乎倒頭翻。嫌到臭尿醋（叶）。

〔註31〕原稿爲「稷」。但筆者推測應爲誤植。此字應爲「謖」。

〔註32〕原稿爲「猛」。但筆者推測應爲誤植。此字應爲「獲」。

〔註33〕原稿字跡不淸。但筆者推測應爲「衣」。

陸壓拜倒趙公明。

狄青斬死王天化。

三國五虎將關張趙馬黃。

頭頁百家姓陳林李許蔡。

第三百三十八號　昭和九年五月六日　<small>善化　洪舜廷</small>

秦對楚。漢對唐。奇巧對掙撞。

書顛對酒醉。花誂對詩狂。

辜婦媽。郭聖王。老嫺對幼童。

屏東祭媽祖。臺北迎城隍。

別人生子死惣了。

自己飼狗咬無妨。

花開花蕊開花謝花蕊謝。

人在人情在人亡人情亡。

第三百三十九號　昭和九年五月九日　<small>善化　蘇友章</small>

猛對勇。剛對強。吳漢對劉唐。

田彪對王豹。龐吉對徐良。

孫武子。韓文公。李義對張忠。

劉邦漢高祖。項羽楚霸王。

取南郡周瑜中計。

入西川鄧艾爭功。

三世受恩。行計破曹黃公覆。

一時思孝。棄官尋母朱壽昌。

第三百四十號　昭和九年五月十三日　<small>善化　洪舜廷</small>

年對月。日對時。射鳥對釣魚。

唅唇對咬目。厚殺對多疑。

找頭路。浸血池。趕緊對延遲。

七夕孝雞酒。重陽食蔴糍。

用兄嫂卜接小叔。

棄大某激寵細姨。

生理若要做。窓爐櫃着油漆。

散凶不認份。茅草厝掛門籬。

第三百四十一號　昭和九年五月十六日　剃刀先生

桃對李。棗對梨。巴結對舖排。

大眠對小死。有行對無才。

食後手。脫下頦。奸巧對痴呆。

做人傷孤獨（叶土）。講話展詼諧。

鳥鼠鬚配鷹哥鼻。

魷魚嘴閣蟳蛾眉。

趁錢莫想厭（讀也）。扁人會圓圓人會扁。

相打恨無力。來者不善善者不來。

第三百四十二號　昭和九年五月十九日　剃刀先生

汝對伊。此對彼。細姨對大姊。

厝宅對田園。庄社對鄉里。

愛招搖。無廉恥。煩惱對歡喜。

虱母趖塗沙。胡蠅攢屎疕。

了尾囝有錢盡開。

刣頭犯無罪通擬。

眞有影。賣花香前擔屎臭後。

蓋不值。燒磁食缺織蓆睏椅。

第三百四十三號　昭和九年五月二十三日　子曰店主

街對巷。社對村。新竹對宜蘭。

九鬮對三結。二崁對萬巒。

垺頭港。大肚山。吉嶼對豐原。

水門道爺塭。土城媽祖田。

三叉河去山柑仔。

九芎林續石榴班。

員林馬岡厝。舊寮跑馬崙。

義竹牛挑彎。新屋大牛欄。

第三百四十四號　昭和九年五月二十六日　子曰店主

河對海。嶺對巒。二壯對萬丹。

金山對玉井。公厝對王田。

布袋嘴。銅鑼圈。仁德對順安。

霧峯柳樹湳。赤崁桃子園。

新店新庄南勢竹。

利基利吉加路蘭。

南廠四條巷。海口五條港。

東門三仙臺。山內八仙山。

第三百四十五號　昭和九年五月二十九日　善化　蘇友章

戰對征。降對叛。新囚對舊犯。

海竭對山窮。天翻對地亂。

眪舌關。慌心斷。外憂對內患。

總着品乎明。不可諫甲羨。

越奸越巧越貧窮。

那想那凝那物愿。

人說粧神成神粧鬼成鬼。

我講遇府食府遇縣食縣。

第三百四十六號　昭和九年六月三日　雪影

劍對刀。磨對鋸。討添對未付。

賣三對買兩。張三對李四。

亂々來。直々去 (叶韻)。惡豪對土富。

不通兼袋屎。臃籠 (叶土) 擱污注。

歸年餓到夭死々。

一冥食較飽著々。

一不作二不休三不作結冤囚。

猪來窮狗來富猫來時起大厝。

第三百四十七號　昭和九年六月六日　子曰店主

山對水。圳對隄。竹塹對梧棲。

花壇對草屯。臺北對關西。

龍目井。虎尾溪。角帶對弓鞋。

前寮雞母塢。後窟馬公街。

北汕南庄近沙鹿。

埔心社口在西螺。

一甲、二鎮、三灣、四結、五塊厝。

六脚、七股、八堵、九鬮、十張犁。

第三百四十八號　昭和九年六月九日　善化　蘇友章

武對文。刀對斧。遇春對懷古。

孟達對曾參。孔宣對程普。

楚王孫。宋太祖。蘇秦對張魯。

狄青斬蛟龍。武松打猛虎。

禰正平擊皷罵曹。

張子房吹簫散楚。

臣保君國。二進寒宮徐延昭。

天祐善人。双生貴子劉元譜。

第三百四十九號　昭和九年六月十三日　子曰店主

丘對壑。嶼對岑。尾塹對頭分。

飛沙對浸水。竹崎對草屯。

猫囉椗。狗氳氫。秀才對將軍。

前鎮、彌陀港。後鄉、羅漢門。

獅潭、東勢、烏塗窟。

鹿港、南平、白沙崙。

茄苳坑、莉桐巷、楠梓庄、四林格。

牡丹社、蓮花池、玉桂嶺、三家春。

第三百五十號　昭和九年六月十六日　善化　蘇友章

前對後。請對辭。宋璟對劉琦。

柴榮對石秀。荀或對程畿。

張公藝。郭子儀。袁紹對曹丕。

周瑜受三氣。楊震畏四知。

諸葛〔註34〕亮七擒七縱。

樊梨花三請三離。

救白馬解重圍。曹孟德賜赤兎。

放小龍脫危厄。劉漢卿買金魚。

第三百五十一號　昭和九年六月十九日　善化　洪舜廷

鬚對鬢。目對眉。樟仙對澀梨。

〔註34〕原稿爲「蔦」，應爲「葛」字的誤植。。

展威對爽勢。夭壽對散財。

鳥公廟。風神臺。却拾對安排。

賊心和尚面。佬仔狀元才。

嘴食乎脚川坐賬。

頭對是月老催排。

無某無猴據伊去。敢能拐仔做加注。

有錢有銀做汝來。不管嘴鬚到肚臍。

第三百五十二號　昭和九年六月二十三日　剃刀先生

李對史。林對呂。有空對無事。

落雨對透風。出星對□□。〔註35〕

蔖荷色。石春臼。鳥軍對紅士。

搖猪總着刣。押鷄勿成孵。

食按□〔註36〕激趁私〔註37〕家（讀獅畸）。

無司阜加錢就（都）有（土）。

婊無情賊無義。泔磨粿重（土）倒仙草擔。

冤有頭債有主。鳥盆鬼愛隸賣豆腐。

第三百五十三號　昭和九年六月二十六日　子曰店主

府對縣。省對京。苗栗對茄苳。

蔦松對蘆竹。花嶼對籐坪。

道爺廊。關帝廳。舊社對新營。

秀才。十六分。番婆。四百名。

湖子林頭甘蔗崙。

埔裡水尾枇杷城。

頂庄子下庄子、內門、青草湳。

大池角小池角、外垵、紅木埕。

第三百五十四號　昭和九年六月二十九日　子曰店主

街對社。市對郊。大豹對阿猴。

〔註35〕□表示原稿字跡不清，無法辨別。

〔註36〕□表示原稿字跡不清，無法辨別。

〔註37〕原稿字跡不清。但筆者推測應爲「趁私」。

獅潭對龍崎。龜峒對燕巢。

王公廟。媽祖樓。落崁對過溝。

港墘港子尾。水上水堀頭。

前寮、後寮、石光見。

上崁、下崁、水長流。

頂番婆、舊社、西勢、東勢。

七老爺、本舘、南投、北投。

第三百五十五號　昭和九年七月三日　剃刀先生

唐對宋。齊對魯。做戲對講古。

烏淨對紅生。舊班對新補。

取木棍。打花皷。展威對受苦。

姜太公釣魚。天師爺騎虎。

親像青盲看花燈。

欣羨臭頭毛水某。

光溜々。存趙匡胤一箍槌。

雄盖々。堵程咬金三下斧。

第三百五十六號　昭和九年七月六日　子曰店主

哭對啼。歌對謎。粗皮對臭耳。

逃月對放風。外傷對內痔。

感面疔。禁口痢。有情對無義。

和尚食四方。病人試五味。

有兄有弟通扶持。

生团生孫好育飼。

眞無話講。啞口食黃蓮。

假識瞞知。青暝看告示。

第三百五十七號　昭和九年七月九日　子曰店主

去對來。趖對跑。順安對加走。

隆恩對美福。蟠桃對鹿草。

新街頭。舊社口。隘丁對下冇。

玉里銅文蘭。冬山奇武荖。

蘆翁、五間厝、打猫。

夘舍、八角亭、刣狗。

右冲、三合、大半天小半天。

左鎮、七星、西北斗東北斗。

第三百五十八號　昭和九年七月十三日　剃刀先生

圓對尖。鈍對利。有心對無事（讀大）。

白虎對烏猫。靑牛對紅魷。

愛纍墜（讀平聲）。免利害。探聽對看覷。

常三光二暗。帶七煞八敗。

家治屎允（讀永）家治香。

各人佛聽各人仕（土）。

比上不足比下有餘。指頭伸出無平長。

床頭相打床尾講和。嘴舌有時會相碍。

第三百五十九號　昭和九年七月十六日　子曰店主

寮對舍。家對邦。文澳對洛江。

油車對鹽舘。高樹對率芒。

牛肉峙。猪頭棕。莿桐對茄苳。

前峰、半平厝。後樓、三角窓。

上田心子、土葛窟。

頂海墘厝、泉水空。

二重埔三重埔、火燒嶼。

上大堀下大堀、水流東。

第三百六十號　昭和九年七月十九日　子曰店主

瘦對肥。脹對腫。袂柑對岡秉。

盖暢對免驚。眞賢對假猛。

頭興々。尾冷々。出燒對弄泳。

好儉者惣儉。會省着愛省。

鷄屎藤會治風症。

虎耳草在伴盆景。

睏々想々着半冥噉芭蕉。

曠々揀々甲一個賣龍眼。

第三百六十一號　昭和九年七月二十三日　　善化　洪舜廷

喪對喜。樂對哀。上吊對倒栽。

刣猪對戲虎。騎馬對弄獅。

好加再。不應該。奸巧對戇獸。

大轎四人扛。衙門八字開。

想着半暝出個月。

惣驚一雷起九颱。

流水々無毒流人々無惡。

叫天々不應叫地々惣知。

第三百六十二號　昭和九年七月二十六日　　子曰店主

手對脚。蹄對爪。土鱉對海鳥。

柺鴨對大猪。草柗對花眇。

妲己心。秦瓊表。惡猴對破婊。

澈四兩甘々。穿一身巧々。

歸身軀虱厚多疑。

一腹肚屎袂分曉。

那無三冤四家惣通澈恬々。

閣再七除八扣續攏免了々。

第三百六十三號　昭和九年七月二十九日　　子曰店主

爭對打。搧對巴。呆擺對罔掌。

賢扶對袂攝。軟限對硬加。

撬嘴錯。扶屁抛。臃腫對腌臢。

眞正無下落。小可有爭差。

惣免作事掠伊目。

使着牽被盖人脚。

較试適好。幾時護尋會着。

漫用稀罕。一次就食袂乾。

第三百六十四號　昭和九年八月三日　　子曰店主

山對嶼。嶺對崗。蘭崁對竹塘。

草衙對花宅。楠梓對莿桐。

頂茄苳。大楝榔。德盛對美濃。

北巷佛祖廟。南崁茮公堂。

小坪頂。土庫萬盛。

大路頭。鹽行永康。

崩坡、上陰影窩、下陰影窩。

淡水、新小基隆、舊小基隆。

第三百六十五號　昭和九年八月六日　子曰店主

燒對洗。澆對潰。解危對受困。

愈害對袂衰。帽箍對鞋訓。

相精々。激睏々。落肥對倒糞。

乞食趨廟公。賊佬假光棍。

做事着有始有終。

講話攏無分無寸。

眞靑暝有看見鷄無看見人。

歹勢面此平是溝後平是圳。

第三百六十六號　昭和九年八月九日　善化　蘇友章

買對賣。糶對糴。挣頭對磕額。

白玉對烏金。歹銅對舊錫。

眞好性。盖歹癖。鷄爬對狗搰。

靑暝那看見。啞口厦喝掠。

藤斷接藤篾接篾。

籬着併籬壁併壁。

賢新婦無驚爾惡家姑。

死皇帝勿値着活乞食。

第三百六十七號　昭和九年八月十三日　剃刀先生

蚊對蛆。螺對蠍。拘蠻對博譎。

未食對不通。有成對無折。

生慘開。久長結。糊塗對透澈。

財庫帶双重。本事無半撇。

查某勿願認狹勢。

和尙不應該夢洩。

靑盲鷄啄死老鼠假精光。

白頭鵠食苦楝子獨得喫（讀結）。

第三百六十八號　昭和九年八月十六日　子曰店主

恁對伊。我對汝。咬牙對托齒。

起手對扶脚。探頭對丟舌。

敢生瘡。盖搎痞。傷悲對歡喜。

無形卽袂生。合意較慘死。

鼻目嘴眞正分明。

上中下那有比止。

好牛賢犁好某賢管家。

歹瓜厚子歹人厚言語。

第三百六十九號　昭和九年八月十九日　子曰店主

折對開。合對共。零星對歸項。

好意對歹空。罔等對映望。

相公行。番婆弄。出神對做夢。

賢擇刀擇劍。漫弄槌弄棒。

賊目金々瓏無眠。

鴨蛋密々都有縫。

有時也會合人激烟盤酒菜。

前世去蹹破恁的金斗甕硐。

第三百七十號　昭和九年八月二十三日　子曰店主

日對暝。今對古。假癲對眞鹵。

罔去對亂來。有剩對無補。

踏山龍。仆地虎。毛公對背祖。

教団愛団乖。想某爲某苦。

閣嬈拖來灌鉛條。

那癢着去擦砧砧。

觀音媽手下閣會扗童。

太歲爺頭殼也敢動土。

第三百七十一號　昭和九年八月二十六日　　子曰店主

洘對鹽。甜對苦。橫財對豎股。

驚死對逃生。有情對無譜。

弄被獅。放紙虎。出山對起土。

佮人打官司。含伊除西虜。

脚隸手展好身材。

屎佮尿袋歸腹肚。

無想僂好。疕膏食猳雞。

眞正有空。臭頭娶水某。

第三百七十二號　昭和九年八月二十九日　　子曰店主

欠對賒。本對利。發海對鈍市。

弄泳對著流。參詳對準備。

長短脚。高下耳。練仙對作謎。

大箍鎭床鋪。靑暝看告示。

招伊當天來咒詛。

護汝同日好做忌。

眞正袂賢的。生有時死有日。

着較好禮咧。大是兄細是弟。

第三百七十三號　昭和九年九月三日　　子曰店主

彎對直。曲對齊。吞氣對搦鮭。

免驚對無愛。戴鑼對夯枷。

上黃疸。弄白牙。七坐對八爬。

牽狗去落湯。掠猫來抵蹄。

彭亨袂輸謝能含。

心肝較硬石仔奚。

病牛拖草索。老牛哺幼笋。

戀虎咬炮紙。戲虎呵燒茶。

第三百七十四號　昭和九年九月六日　　剃刀先生

我對汝。伊對阮（讀廿）。粗人對幼嫺。

細說對輕聲。快找對惡等（讀土）。

掃帚頭。鉸刀眼。猖狂對懊嬭。

賢秉生換熟。興食肥走瘦。

死窟看準做暢空。

軟限較强過硬挽。

拘在猪公肥到脫毛。有棺材（官材）無靈位。

親像羊仔鋸㧯斷喉。好調勢（弔死）歹落板。

第三百七十五號　昭和九年九月九日　子曰店主

喊對咻。咯對呸。手蹄對跤腿。

腹肚對肚臍。頭毛對骨髓。

使內廉。辨外委。火夫對土匪。

雞形罔雞形。猫水仔猫水。

消工着損扁擔刀。

敢死護食含笑蕊。

正月寒死猪 —— 二月寒死牛。

日時親像人 —— 暝時親像鬼。

第三百七十六號　昭和九年九月十三日　子曰店主

舂對扶。拖對擲。强撑對硬按。

私約對公開。會齊對相趂。

假屎賢。無屄幹。好賺對歹聽。

㧯當祖歸平。敢袂攝双層。

較輸許二跤查某。

串辦是無頭公案。

猴咬斷索虎咬打破鑼。

人敬有錢狗敬澀屎僕。

第三百七十七號　昭和九年九月十六日　子曰店主

庄對社。田對園。撥駕對升堂。

伴行對送嫁。控白對竪黃。

二步半。四管全。小肚對大腸。

賢變陰陽面。㧯識生死門。

七坐八爬九發牙。

　一斑二矮三虬毛。

　見笑袂死。面皮佮城壁平厚。

　囂潲免本。屎鳥比竹篙較長。

第三百七十八號　昭和九年九月十九日　　子曰店主

　悾對戇。恓對鹵。扮身對揷股。

　臃腫對猖狂。賠窮對呌苦。

　歸手扶。双頭土。有添對無補。

　打草會驚蛇。走賊遇着虎。

　見着目睭透心肝。

　柝甲巴脊〔註38〕凹腹肚。

　相東相西。靑瞑看花燈。

　好心好行。臭頭娶水某。

第三百七十九號　昭和九年九月二十三日　　子曰店主

　扶對挺。搦對摸。討債對賞封。

　硬挽對軟限。坐煞對犯空。

　献花注。起酒瘋。顯祖對榮宗。

　破鼓好救月。紙牌不動風。

　三脚投閣五脚跳。

　有論私就無論公。

　袂輸三藏取經一路搬猴戲。

　惚比八仙過海各人展神通。

第三百八十號　昭和九年九月二十六日　　子曰店主

　街對市。巷對垾。坐舘對開城。

　行房對挺壁。鬧學對絞營。

　有嘴水。無心情。告狀對補呈。

　入手者準算。探頭無輸贏。

　死罪敢有餓罪重。

　好人惚佮歹人行。

　面憂屎虬。講着恁某就艱苦。

〔註38〕原稿爲「背」，應爲「脊」字的誤植。

胭鬆手弄。未曾生団先表名。

第三百八十一號　昭和九年九月二十九日　善化　蘇友章

蔘對木。桂對茸。枸杞〔註39〕對菝〔註40〕蓉。

祈蛇對木鱉。海馬對山龍。

雞角蒳。鼠尾癀。蛤蚧對蟗蟲。

生津飲桑白。表汗用麻黃。

化氣開胸嘗半夏。

輕身強髓服天冬。

地骨屬寒劑。本是除蒸和陰血。

天雄雖劇藥。善能袪濕助精陽。

第三百八十二號　昭和九年十月三日　善化　蘇友章

南對北。東對西。黃信對白圭。

陶公對晏子。伯夷對叔齊。

一文靑。百里奚。李廣對張奎。

王昭君出塞。石平貴回家。

老聃騎牛經函谷。

劉備躍馬過檀溪。

爲夫守節羨春娥教子。

奉姑行孝恨秋胡戲妻。

第三百八十三號　昭和九年十月六日　善化　蘇友章

帽對衫。穿對戴。聽曲對看戲。

騎馬對坐車。摋風對揚氣。

鳳梨彈。龍眼試。草蓆對茄莖。

近山識鳥音。入門看人意。

無存心着無偏私。

能食氣卽能掌志。

有人喝愞買無人講着賣。

善兮掠來刣惡兮放伊去。

〔註39〕原稿字跡不清。但筆者推測應爲「枸杞」。

〔註40〕原稿字跡不清。但筆者推測應爲「菝」。

第三百八十四號　昭和九年十月九日　善化　蘇友章

貧對富。敗對成。餞別對送行。

應酬對交際。來淸對去明。

双叉路。六角亭。白虎對靑龍。

畏事竪尾後。會講排頭前。

有趁錢着激身價。

無現金卽出手形。

一人智物值着兩人議。

千家富未固得壹家窮。

第三百八十五號　昭和九年十月十三日　善化　蘇友章

侯對伯。勇對强。石秀對楊雄。

雲彪對天豹。趙虎對張龍。

魏文帝。鄭武公。齊君對吳王。

色迷曹孟德。火燒李道宗。

關雲長一心扶漢。

單雄信三世鬧唐。

良將佐朝。羅通掛帥來掃北。

賢臣應夢。薛禮跨海去征東。

第三百八十六號　昭和九年十月十六日　子曰店主

合對開。創對設。鋪張對落折。

有利對無盤。碎條對總結。

歹頭彩。好尾吉。講情對守節。

目睭看双重。嘴鬚發二撥。

放屁講是在噴風。

行經看準放淤血。

鳥耳鰻過烘爐灰則會死趨。

白頭鵠食苦楝子獨得仔喫。

第三百八十七號　昭和九年十月十九日　子曰店主

噫對啥。嘎對哇。堅賺對賢拖。

好聽對歹看。罔度對免攔。

照日影。拜月華。軟困對硬搵。

送肉去飼虎。打草會驚蛇。

頭殼搔尖準錢串。

嘴齒扣落成米籬。

交官窮交鬼死敢有彼好。

做娘呌做媌使眞正拖磨。

第三百八十八號　昭和九年十月二十三日　子曰店主

漬對消。買對賣。開盤對總坐。

歸項對零星。越規對破例。

拚輸贏。爭高下。停工對做藝。

歹某連累夫。多囝誤煞父。

查甫囝母形生張。

生理人烏龜性地。

有人好燒酒有人好豆腐。

一個賣鬶靴一個賣飯篚。

第三百八十九號　昭和九年十月二十六日　子曰店主

灌對斟。沃對濺。唾痰對拭汗。

吼痛對發癀。袂消對愈爛。

行脚花。展手段。負擔對包換。

受氣起無空。放屎相叫伴。

扛轎司阜扛轎食。

信紙家伙信紙岸。

我笑有入脾汝敢聽有入耳。

人食甲流汗伊煞看甲流涎。

第三百九十號　昭和九年十月二十九日　子曰店主

尋對搜。開對找。風吹對雨漏。

放屁對聽聲。且停對等候。

吞生膏。搥烏豆。摸蚶對掠鱟。

食水是袂肥。無鬚忽知老。

XX 合竹竿平長。

面皮比城壁較厚。

好額勿用相展。千家富袂顧得一家窮。

有勢不可盡量。七尺槌着愛留三尺後。

第三百九十一號　昭和九年十一月三日　子曰店主

欹對倒。豎對踞。斟酌對躊躇。

惚聽對免想。罔度對暫浮。

姦三代。絕六無。光棍對禿驢。

賢鳥吐白吐。畫土符淨符。

老命配汝清肉凍。

好花插帶牛屎堆（叶土）。

飼囝挨有粟痛囝金寶玉。

驚某大丈夫打某豬狗牛。

第三百九十二號　昭和九年十一月六日　子曰店主

分對送。收對領。夯枷對戴鐐。

跳索對拖蓬。上山對落嶺。

咋淡（叶平）礁。試鹽洪。我兜對汝請。

小鬼扶財王。大乳壓細囝。

搖々擺々假有空。

白々賊々盖無影。

甲袂吞忍。目睭袋無三粒沙。

惚免戀想。壁頂裡畫一個餅。

第三百九十三號　昭和九年十一月九日　子曰店主

行對走。跳對爬。失信對執迷。

好聽對歹看。打缺對會齊。

狗公腰。鴨母蹄。赤鼠對花螺。

軟人住硬地。餓鬼夯重枷。

青瞑牛勿識半字。

子弟虎激拖破鞋。

扳繳人。三更窮四更富五更起大厝。

育細囝。七月坐八月爬九月發乳牙。

第三百九十四號　昭和九年十一月十三日　　子曰店主

刻對敲。搔對礦。賢拖對罔喫。

軟限對强挣。翻顛對包弊。

好眼神。歹手勢。小心對大塊。

佮汝照頭行。放伊後世債。

嘴齒痛用斧頭筐。

尻川癢帶硓砧擦。

甲許好胆。屎核都㤢是鑽石做的。

假懍曉聽。耳空激去護破布塞咧。

第三百九十五號　昭和九年十一月十六日　　子曰店主

倒對欹。搖對在。交纏對相碍。

罔去對亂來。招呼對歇待。

賣名聲。變形骸（入聲）。觸衰對逢敗。

老牛哺幼笋。鯽魚釣大魟。

起無空漫用交併。

敢有影甲許利害。

好是無歹是有。烏鴉飼帶厝角頭。

餓懍死脹懍肥。老鼠關坫粟倉內。

第三百九十六號　昭和九年十一月十九日　　子曰店主

假對正。是對非。脫殼對包薐。

粗皮對幼骨。虛幻對甦昧。

盖冤枉。眞喫虧。强迫對硬催。

去滴着鳥〔註41〕屎。愈賢噴雞胃。

莫非是猪欠狗債。

漫用在狐假虎威。

歸身光滑々甲那赤鼠。

一嘴笑吃々袂輸烏龜。

第三百九十七號　昭和九年十一月二十三日　　子曰店主

聽對問。謎對猜。歹講對賢哀。

〔註41〕原稿爲「鳥」，應爲「鳥」字的誤植。

眞衰對假戇。小氣對大獣。

放狗屁。搖魚栽。悾坎對搖擺。

護人放紙虎。佮伊排糖獅。

愛食狗袂得狗死。

㑩識屛㥜討屛知。

四兩人講半斤話。眞無量力。

一隻牛起双領皮。是不應該。

第三百九十八號　昭和九年十一月二十六日　子曰店主

割對刣。鍼對刺。㑩來對㥜去。

偸走對學飛。暗攝對現試。

猫屛㷮。雞角氣。温純對闒莉。

串想歹形骸。甲佫好身勢。

無下種便無收成。

有燒香就有保庇〔註42〕。

免彭亨。扒帶棹頂尾展細雙腳。

歹欵式。關許房仔內搬大齣戲。

第三百九十九號　昭和九年十一月二十九日　子曰店主

富對窮。賤對貴。傷風對溜氣。

花詊對草包。空癲對假醉。

兄弟群。尫婆對。團圓對破碎。

中着上馬瘋。在底放狗屁。

好意煞變成歹心。

大事是不惜小費。

大猪獣。㑩顧趂錢只顧開使。

戇虎面。會曉偸食袂曉拭嘴。

第四百號　昭和九年十二月三日　子曰店主

濁對清。鬧對靜。商量對比並。

塞隙對留空。信憑對號令。

耳空輕。頭殻定。㥜收對罔用。

〔註42〕原稿爲「底」，應爲「庇」字的誤植。

酒鬼當衫飲。姑爺無褲穿。

想錢未必錢懍來。

大石也着石仔擎。

四兩人講半斤話。鬼頭鬼腦。

一隻牛起雙領皮。賊心賊行。

第四百一號　昭和九年十二月六日　　子曰店主

移對徙。種對栽。樂暢對搖擺。

寒酸對冷淡。歹攝對賢哀。

猴弄馬。虎嗅獅。小氣對大歎。

眞正無情理。實在不應該。

俗人在掠龜走鱉。

管伊去奢熊跌獅。

父健母健伆值著自己健。

汝知我知勿用乎別人知。

第四百二號　昭和九年十二月九日　　子曰店主

尫對某。丈對姨。鬥法對使奇。

軟心對硬骨。生蒲對流糍。

捽後炮。攑頭旗。赤鼠對鳥魚。

賊佬假光棍。乞食飼花眉。

眞毆蠻加掙掛躓。

袂曉衰護請甲辭。

免煩惱。怕就不來々就不怕。

講實在。疑者莫重々者莫疑。

第四百三號　昭和九年十二月十三日　　臺南　林珠浦

橫對直。歪對正。白賊對鳥淨。

跑馬對行船。三般對六件。

撈胅撩。掛目鏡。有靈對無聖。

小車容易駛。大船難起碇。

三十六計走爲先。

五百斤緣天註定。

戀面佬仔有看見雞無看見人。

疳膏少年懍愛值錢忽愛值命。

第四百四號　昭和九年十二月十六日　善化　蘇友章

邪對正。速對寬。陳平對蔡端。

子瑜對公瑾。趙普對秦觀。

張君瑞。曾國藩。商紂對周宣。

孔明扶劉備。魯肅佐孫權。

曹操獻刀謀董卓。

陸壓祭劍斬余元。

晏平仲用二桃殺三士。

漢壽侯斬六將過五關。

第四百五號　昭和九年十二月十九日　善化　蘇友章

今對古。後對先。法正對米顛。

姚剛對薛猛。狄青對韓玄。

李光地。武則天。黃坤對孫乾。

劉秀得吳漢。秦瓊救李淵。

姬昌解圍進妲己。

王允設計獻貂蟬。

代統報仇。孔明西川捉張任。

爲劉除害。馬岱南鄭斬魏延。

第四百六號　昭和九年十二月二十三日　善化　蘇友章

文對武。戰對征。蟬玉對燕青。

羅通對徐達。劉裕對楊榮。

吳三桂。戴萬陞。張順對王平。

壯繆扶漢室。包胥哭秦庭。

趙雲單鎗挑五將。

老子一氣化三淸。

金光洞拚仙。太乙祭起九龍罩。

五丈原拜斗。魏延踢倒七星燈。

第四百七號　昭和九年十二月二十六日　臺南　林珠浦（全東韻）

名對姓。異對同。羊祜對馬融。

劉寬對王猛。魯肅對賈充。

審武子。晉文公。宋璟對姚崇。

字推王逸少。詩仰陸放翁。

彦秀時稱周伯達。

太平策獻隋王通。

擊楫渡江。膂力過人李存孝。

掛冠歸里。胸懷忿事韓世忠。

第四百八號　昭和九年十二月二十九日　臺南　林珠浦（全冬韻）

春對夏。秋對冬。黃祖對孟宗。

顏回對閔損。曾晢對冉雍。

楊伯起。阮仲容。張珙對劉琮。

風流唐伯虎。偶儻陸士龍。

和找媚敵羞秦檜。

殺嫂酬兄羨武松。

胸具豹韜。將帥雄威燕樂毅。

身披鶴氅。神仙雅度晉王恭。

第四百九號　昭和十年一月三日　臺南　林珠浦（美人名）

妍對醜。偶對奇。梅姐對杜媺（十娘）。

綠珠對碧玉。桃葉對柳枝。

孟姜女。唐賽兒。簡々對師々。

繒裂周褒姒。文成徐惠妃。

少伯復讐獻西子。

文公遠色拒南威。

襤服自甘。儉樸允稱漢馬后。

狼心太毒。詭奸最恨晉驪姬。

第四百十號　昭和十年一月十三日　臺南　林珠浦（帝王名）

朝對野。興對亡。宓犧對神農。

陶堯對虞舜。大禹對成湯。

漢文帝。周武王。五霸對七雄。

始皇吞六國。高祖約三章。

鴆殺孝平新莽篡。

龍飛光武舊邦昌。

開宋先君。匡胤營中生夾馬。

盛唐英主。世民山上看鳳凰。

第四百十一號　昭和十年一月十六日　　剃刀先生

快對捷。緊對零。走腹對行經。

吼楞對僂喘。愛死對放生。

損蕃客。討救兵。坐舖對落宮。

死胡鰍無秉。苦籃槃假淸。

食飹寬愛作事惰。

啞口靈閣靑盲精。

攏是半桶屎。見人就僂拖在涾。

盡簇一枝鐵。看汝鍊有偌萃釘。

第四百十二號　昭和十年一月十九日　　太荒（今人名）

瘦對肥。少對老。克湘對培楚。

文石對劍泉。玉田對珠浦。

李石鯨。黃文虎。述公對紹祖。

南方謝星樓。北部鄭香圃。

學堂訓蒙林述三。

報館操觚黃拱五。

浪吟耽畫謎不是閒人鄧大聰。

雅詠樂琴書自然居士吳小魯。

第四百十三號　昭和十年一月二十三日　　臺南　楊元胡（崁城詩人名）

黃對白。謝對陳。榮達對銘新。

靑龍對錦燕。海客對山人。

宋義勇。許仁珍。尚德對奇仁。

嗜酒吳乃俠。耽書高了塵。

陳圖南栽菊迎歲。

鄭啓東畫梅傳春。

人欣謝星樓謎猜射虎條々有趣。

我羨林珠浦聲律雕龍字々皆眞。

第四百十四號　昭和十年一月二十六日　　林珠浦（干支名）

時對節。異對同。柔兆（丙）對閼逢（甲）。

執徐（辰）對協洽（未）。強圉（丁）對著雍（戊）。

大荒落（巳）。謂敦祥（午）。閹茂（戌）對重光（辛）。

涒灘（申）兼作噩（酉）。玄黓（壬）並昭陽（癸）。

攝提格（寅）、困敦（子）、單閼（卯）。

大淵獻（亥）、屠維（己）、上章（庚）。

丑謂太牢。自古相稱赤奮若（丑）。

乙屬森木。當春必旺曰旃蒙（乙）。

第四百十五號　昭和十年一月二十九日　　剃刀先生

短對長。遠對近。慷交對慳吝。

歡喜對磋煩。憂愁對怨恨。

狗𦙶蹄。鳥屎面。發嬈對弄閏（叶音）。

㤫開都來開。食盡者自盡。

思量棺材㑅成死。偷夯古井也〔註43〕著認。

未知是魏延跟馬岱。未知是馬岱跟魏延。

有的講孫濱害龐涓。有的講龐涓害孫濱。

第四百十六號　昭和十年二月三日　　臺南　西河逸老（聖佛神仙）

今對古。舊對新。地藏對天神。

準提對接引。廣澤對洪鈞。

張法主。呂洞賓。上帝對眞人。

九仙圓我夢。千歲代天巡。

臨水廟靖姑保赤。

朝天宮聖母庇民。

達摩祖師帷能蕉葦載足。

哪吒太子本是蓮花化身。

第四百十七號　昭和十年二月六日　　善化　蘇友章（應元製藥公司製劑及効能）

〔註43〕原稿字跡不清。依上下文脈絡推測此字應爲「也」。

和對合。公對私。研末對篩脬。

搗丸對製錠。驅虫對滅蛆。

抹手足。塗皮膚。喘息對咳嗽。

內外科有別。冷熱嗽不拘。

肺傷能勝七厘散。

齒痛不讓五分珠。

應元製痒膏擦之癬收疥沒。

文治止咳錠服下嗽欵病除。

第四百十八號　昭和十年二月九日　　善化　蘇友章

衰對盛。敗對興。彭越對范增。

周文對陳武。楊雄對王英。

袁公路。蘇子卿。曹寶對蕭升。

清官張之洞。明寇李自成。

承業百隊連環馬。

項羽八千子弟兵。

破魏興吳。呂蒙繼續魯子敬。

扶周滅紂。陸壓拜倒趙公明。

第四百十九號　昭和十年二月十三日　　子曰店主

半對全。包對件。抱頭對發嶺（入聲）。

起馬對夯官。草㤶對花淨。

歹行儀。假養健。拖蓬對押盛。

下廣排作前。大船難起椗。

牛蚵免想双頭出。

虎屪相交一次定。

交陪交陪。人也着交賊也着交。

命抵命抵。蛇嗎懍命鼠嗎懍命。

第四百二十號　昭和十年二月十六日　　林珠叟

禽對獸。走對行。犬吠對雞鳴。

青獅對白象。烏鵲對黃鶯。

題雁字。畫龍形。良驥對猛鷹。

疾馳千里馬。高聳九霄鵬。

羽族能飛看燕々。

毛虫會話聽猩々。

得草成群。同愛友朋唯壽鹿。

在原結伴。相親兄弟似鶴鴒。

第四百二十一號　昭和十年二月十九日　古月山人（集雜貨品名）

欠對賒。行對舖。家長對主顧。

短袜對長靴。手巾對面布。

胭脂紅。膩粉素。銀袋對金庫。

伵燒虎皮氈。懍凉人絹袴。

帶雨衣伊煞出日。

擇日傘遇着落雨。

漱口用獅標齒粉免驚臭口氣。

梳頭抹鶴印茶油者懍生頭垢。

第四百二十二號　昭和十年二月二十三日　子曰店主

扷對栽。攀對摘。結毯對敲削。

軟困對硬刣。合齊對分折。

出水聲。起土癖。脫窓對閉壁。

銀白心肝烏。錢金目空赤。

懍某也着有某緣。

放屎煞找無屎跡。

甘爛物甘濺。食豆豉配鹽蛙。

曉算袂曉除。折東籬補西隙。

第四百二十三號　昭和十年二月二十六日　臺南 珠叟（草木名）

草對木。蕁對芒。蒿白對槐黃。

梗楠對杞梓。芦荻對茨梁。

靈芝秀。老檜香。青芥對綠楊。

祥蓂堯帝殿。翠柏武侯堂。

苔蘚簇侵堦磴碧。

粉榆色映戶庭蒼。

泮水池邊喜見儒生采藻。

鄉村宅畔好供農婦栽桑。

第四百二十四號　昭和十年三月三日　子曰店主

你對伊。我對汝。盤旋對排比。

小氣對大空。生毛對發齒。

錢找錢。几上几。有情對無理。

老猴噴洞簫。腌雞拾碎米。

鑿枷敢會自己夯。

咒詛去護別人死。

賢先生拘也着巧主人。

歹司公閣抵遇好日子。

第四百二十五號　昭和十年三月六日　子曰店主

銃對鎗。槌對棒。牽沽對下網。

戴鼎對夯枷。零星對歸項。

慢花膏。如絮夢。好聽對歹望。

眞正賢彎蹺。攏不知輕重。

嚻嗸〔註44〕□〔註45〕來捽籐條。

震動會跌落杉縫。

烏講白講。豬母牽帶牛墟。

七湊八湊。狗頭納許箸籠（叶弄）。

第四百二十六號　昭和十年三月九日　子曰店主

實對虛。新對舊。貧窮對富裕。

冷淡對寒酸。出風對入霧。

轉私空。誤公事。先生對司阜。

招夫去養子。賣某做大舅。

戶定閣較高門楣。

井欄煞看作舂臼。

有蝕本財主敢有蝕本脚夫。

〔註44〕原稿字跡不清。但筆者推測應爲「嗸」。
〔註45〕□表示原稿字跡不清，無法辨別。

會了伊官職是袂了伊進士。

第四百二十七號　昭和十年三月十三日　子曰店主

悾對坎。戇對悾。水守對土工。

歹星對惡鬼。收煞對犯空。

放狗屁。上馬瘋。討賞對搶功。

食土賢大謨。袋屎兼不通。

汝甲嘴強尻川軟。

人講緞謗拳頭謊。

惛死惛活卽着帶某累囝。

無志無氣敢會瀉祖辱宗。

第四百二十八號　昭和十年三月十六日　子曰店主

扛對夯。扶對磕。強牽對硬擺。

歹看對好聽。笑科對反悔。

掘地皮。拼家伙。生銑對起沫。

七孔透鼻空。五枝畫手尾。

雙手只揌二片羗。

半天閣出一個月。

囂縤免落本。幻甲廊亭作碗帽。

講話亦着工。勿用隔壁分燈火。

第四百二十九號　昭和十年三月十九日　子曰店主

單對雙。三對五。起風對落雨。

冷淡對寒酸。摑沙對凍露。

搶頭香。拼尾步。細朒對大肚。

扐虫尻川蠕（叶土）。挖肉嘴裡哺。

人去甲念着煎茶。

火過卽想慺煨芋。

唱著曲那親像在狗吹螺。

無食肉亦識看見猪行路。

第四百三十號　昭和十年三月二十三日　子曰店主

膏對汁。渣對滓。腌臢對清采。

扒壁對搬墙。上山對落海。

假有情。眞無探。慢用對罔使。

眞正賢展攛。怳免在番疳。

扔猪來加伊抵蹄。

做狗無認路食屎。

佮人袂作夥三寃四家。

行路會生風一搖二擺。

第四百三十一號　昭和十年三月二十六日　　*子曰店主*

橫對直。重對輕。會攝對袂興。

看頭對攬尾。白食對靑瞑。

粒々定。點々眞。戀佛對坎神。

供枉無供黨。斷理不斷親。

目頭怳通打四結。

鹽菜閣敢有一綑。

上山一日落海嗎是一日。

刉牛此身拜佛亦用此身。

第四百三十二號　昭和十年三月二十九日　　*子曰店主*

皮對壳。核對仁。土富對赤貧。

刺螺對歹狗。孝勇對奸臣。

眞狡獪。假殷勤。屎鬼對屄神。

臭頭娶水某。醒眼看醉人。

烏鴉開嘴無好事。

老虎行路閣啄眠。

定着是遊府食府遊縣食縣。

自然事在楚爲楚在秦爲秦。

第四百三十三號　昭和十年四月三日　　*子曰店主*

滴對流。涉對涶。捧場對搖會。

有影對無空。倒拖對反背。

假馬虎。眞狼狽。强扶對罔尋。

椪風龜無底。偸食狗有罪。

會好也是袂担肥。

㤀睏干乾顧蹕被。

太歲爺頭殼也敢動土。

閻羅王面前慢講假話。

第四百三十四號　昭和十年四月六日　　善化　洪舜廷

吼對笑。哭對哀。奢熊對扳獅。

掠龜對走鱉。妥當對應該。

不上算。無大才。激氣對詼諧。

豚肚咬出去。草鞋拖入來。

賢拖沙無要無緊。

罔吞忍假痴假呆。

鴨卵扳落土有生那無孵。

棺柴扛上山不燒也着埋。

第四百三十五號　昭和十年四月九日　　善化　洪舜廷

敲對削。打對挣。某旦對尪生。

馬形對猴相。好膽對靈精。

糊紙厝。扛香亭。止血對行經。

三人共五目。一將強萬兵。

投仸水守爺有聖。

欺負土地公無靈。

做鱸鰻終歸尾是有路無厝。

開查某到結局會了財失丁。

第四百三十六號　昭和十年四月十三日　　子曰店主

舐對呵。吞對唾。含䏶對破碎。

惰骨對貪心。失神對溜氣。

後母 X。表子嘴。發瘴對放屁。

敢做鬼驚無。常見官㤀畏。

好意煞看準歹心。

大事着不量小費。

眞正冤枉。白々布護伊染甲烏。

敢着細利。薄々酒食人是會醉。

第四百三十七號　昭和十年四月十六日　子曰店主

嫺對娘。母對囝。酒糟對茶餅。

占柱對搬城。上山對落嶺。

罔商量。加保領。阮兜對汝請。

做甲正有情。講著攏無影。

艱苦人原本無空。

歹命囝閣假軟汫。

看恟破。會護生丁袂護放銃。

恟免驚。有加抱囝無加夯鑐。

第四百三十八號　昭和十年四月十九日　子曰店主

厘對分。尺對寸。講通對受困。

赤敢對青驚。嶢疑對安頓。

倒護拖。坐在睏。念如對教訓。

戶主兼小使。賊佬假光棍。

袂輸戲虎呵燒茶。

實在多牛踏無糞。

照起工。此手交金此手交銀。

正歹勢。一平是溝一平是圳。

第四百三十九號　昭和十年四月二十三日　子曰店主

短對長。矮對躼。護挣對加告。

行禮對講情。嚷哀對想錯。

結相粘。打通套。彼兮對那個。

面前注現清。後壁山有靠。

儑生閣着人湊攀。

敢死驚無鬼通做。

芹茱在炒豬腸有空抵有空。

牛鼻遇着賊手一報還一報。

第四百四十號　昭和十年四月二十六日　子曰店主

露對霜。風對雨。收成對補助。

罔講對有談。允輸、罔度。

有分張。無疑誤。揞茄對種芋。

扳繳聽尾聲。作事留後步。

怴驚汝插嘴插舌。

慢害人抓腸抓肚。

眞正袂活。出此欵父生此欵囝。

那有要緊。食在許肚死在許路。

第四百四十一號　昭和十年四月二十九日　子曰店主

縛對糊。裝對梱。擮土對抹粉。

歹攝對不通。諾賢附尙準。

正笑科。眞矛盾。猪傷對牛蠢。

攏無心無情。閣假空假樺。

會好也是袂担肥。

尙衰嗎爭甲到本。

目睭看過双重壁。有影者利害。

尻川袋無一滴Ｘ。甲些袂吞忍。

第四百四十二號　昭和十年五月三日　子曰店主

節對條。屑對粉。着魔對發憤。

好額對歹空。罔聽對慢滾。

子孫釘。公母樺。食精對吞忍。

大跤踏細跤。頂盾壓下盾。

戲虎的在呵燒茶。

老牛想懷哺幼笋。

煩惱到會生也是袂生。

差不多蝕本仔兼到本。

第四百四十三號　昭和十年五月六日　子曰店主

汝對伊。恁對阮。倚蕘對坐舘。

倒拖對竪汯。發嬈對造反。

雙頭摧。一粒選。失收對歹轉。

食飽去換枵。未肥在假喘。

那有人就着有錢。

不怕官是只怕管。

龍交龍鳳交鳳。盖無相偏。

魚還魚蝦還蝦。敢有像歟。

第四百四十四號　昭和十年五月九日　子曰店主

東對西。遠對近。無長對有剩。

會好對袂消。加掙對自盡。

查某體。孝男面。風騷對堅吝。

慢應假慈悲。閣着護怨恨。

那無猴來睏同頭。

㑩狼狽者焄〔註46〕歸陣。

激教有大才。怎通七拈八添。

甲些無信用。敢使三保六認。

第四百四十五號　昭和十年五月十三日　子曰店主

巷對街。行對舖。哭潺對觸惡。

嚷飽對吼枵。生油對食醋。

刣大豬。扤白兔。冤仇對怨妬。

汝請我無閑。客來主不顧。

亦怎是直在夯枷。

閣煞假㑩曉穿袴。

起空起片加減講。正敲倒敲。

無影無跡濫滲來。烏吐白吐。

第四百四十六號　昭和十年五月十六日　子曰店主

辭對請。送對還。戲虎對弄龍。

土牛對山鷥。猴相對馬形。

看三色。穿九重。坎氣對勝閑。

三行二倒退。十藝九不成。

人講油柑好尾味。

汝漫絲瓜倚大平。

會堪的三句定閣再二句有。

實在是千家富難顧一家窮。

〔註46〕原稿字跡不清。但筆者推測應爲「焄」。

第四百四十七號 昭和十年五月十九日 子曰店主
　　寒對熱。燒對冷。搬栽對落種。
　　吮涎對下肥。拖沙對弄泳。
　　護伊掙。據汝揀。袂消對忉肯。
　　食飽在換杴。退癀閣消腫。
　　懍做原底是人情。
　　有錢豈可無光景。
　　聽着就受氣。烏頭鬃使內廉。
　　聖甲會講話。白目佛應外境。

第四百四十八號 昭和十年五月二十三日 子曰店主
　　敲對削。鋸對犁。打毿對整齊。
　　欹蹺對正直。請坐對學爬。
　　賣戀肉。搦鹽鮭。攝目對弄牙。
　　一嘴湊双舌。大胿踏細蹄。
　　擦乎歸面畫虎猫。
　　剝甲一尾那龍蝦。
　　肥狗溜銅鐶。訬狗藏墓壙。
　　戀虎咬炮紙。戲虎呵燒茶。

第四百四十九號 昭和十年五月二十六日 子曰店主
　　全對半。總對零。歡喜對艱難。
　　假空對誤會。戴鑷對揞瓶。
　　漫創戀。較毆蠻。激骨對角鱗。
　　肚腸正淺狹。心肝真粗殘。
　　會開閣也着會趄。
　　傷暑煞看準傷寒。
　　阿片燒過癮銃子打袂入。
　　官司告一贏角車噴會闐。

第四百五十號 昭和十年五月二十九日 子曰店主
　　扶對托。□〔註47〕對捧。孵涎對漲膿。

〔註47〕□表示原稿字跡不清，無法辨別。

出風對激氣。變蚊對生蟲。

插竹青。掛花紅。屈伏對投降。

敢有大細漢。閣分强弱房。

過橋嗎較多行路。

跳童看準在開行（讀杭）。

閻羅王那漫作主鬼纔會變怪。

土地公甲無畫號虎也敢咬人。

第四百五十一號　昭和十年六月三日　　林珠浦

祖（祖逖）對孫（孫權）。寬（劉寬）對鄙（晋鄙）。

伸容對伯起。

宋璟對姚崇。王導對周顗。

白香山。朱舜水。李膺對雍齒。

劉璋斬張松。梅璧仇盧杞。

孟光奠雁匹梁鴻。

魯定頒魚生孔鯉。

威宣渤海。桓公嗜味寵易牙。

氣盖函關。君喜瞻雲迎李耳。

第四百五十二號　昭和十年六月六日　　子曰店主

拖對扽。挲對挪。碗公對□〔註48〕仔。

流汗對起痰。有通對不雅。

送小心‧使大哄。歸封對一打。

無鬚也知老。好胆快做媽。

講那無就攏總無。

死也敢獨項嗎敢。

弄來弄去激使双頭槌。

無肝無腱顧食一把胆。

第四百五十三號　昭和十年六月九日　　子曰店主

扶對請。鋪對排。寃枉對痴呆。

眞獃對假戆。歡喜對詼諧。

〔註48〕□表示原稿字跡不清，無法辨別。

丟舌尾。吐肚臍。忍氣對求財。

走到不死國。掛起免戰牌。

流水總有一路透。

扛轎是無雙重才。

臭脬贊仔是會食袂討趄。

白目眉兮惝免請自己來。

第四百五十四號　昭和十年六月十三日　子曰店主

削對敲。纏對縛。強掙對硬鑿。

抹粉對生油。粘塗對磨墨。

戀戇々。訬挐々。免念對着讀。

食 X 望高藔。放屎閣爭礐。

牛屎弔許菜瓜棚。

狗頭滴着蔴油濁。

眞靑瞑。相閃身大脚碴細脚。

假惝識。遇着頭黑目抵白目。

第四百五十五號　昭和十年六月十六日　善化　蘇友章

程對孔。孟對曾。鐘會對胡班。

伍奢對陸遜。肅順對嚴顏。

范無救。謝必安。金花對木蘭。

袁術號公路。曹眞字子丹。

貂蟬献媚迷董卓。

妲己設計害比干。

國家垂危。王允嘆月憂社稷。

朝廷歷刧。劉唐醉酒賣江山。

第四百五十六號　昭和十年六月十九日　善化　蘇友章

憂對喜。笑對啼。大某對細姨。

家姑對媳婦。叔父對孫兒。

小粒子。大籬皮。謹愼對張遲。

調來有主意。偸去無相辭。

人會驚人賊驚賊。

壁着併壁籬併籬。

是人姻緣。莫怪伊尪某弄奢鼓。

那無情理。忽驚恁祖公戴蹺匙。

第四百五十七號　昭和十年六月二十三日　子曰店主

煮對煨。煎對炸。草包對篾片。

臃腫對糊塗。手刀對毛箭。

相精精。看見見。硬刣對亂�。

勿應在交纏。也着罔秉變。

有椅勿坐坐土腳。

無柳可夯夯門扇。

眞正袂曉衰。閣護伊請掛辭。

攏勿知見誚。據在人搖準曳（叶土）。

第四百五十八號　昭和十年六月二十六日　子曰店主

奴對婢。某對尪。袂好對勿通。

報寃對討債。軟困對輕鬆。

錢找錢。工換工。歹算對賢璫。

大魚護漏網。老馬會展鬃。

腹肚較大草豬母。

目瞷親像訬狗公。

有拖有艱苦。腌雞拖木屐。

愈壓愈利害。水龜壓石枋。

第四百五十九號　昭和十年六月二十九日　剃刀先生

開對合。嵌對掀。鐵鎖對銅圈（讀愆）。

蛇皮對鹿角。龜蛋對牛鞭。

白匏咦。靑柳零。起坎對假顚。

老嬈戴笋壳。戀佛嗅香煙。

可惜趙子龍欠馬。

慣練申公豹設仙。

查某間契兄。大畏大細畏細。

剃頭店人客。後得後先得先。

第四百六十號　昭和十年七月三日　子曰店主

尋對搜。摸對探。坐禪對拜塹。

敗興對求情。相瞞對湊盖（讀崁）。

白目獸。黃腫幻。老婆對太監。

惹虱頭上爬。擧燈脚下暗。

鬼佮馬哭無像聲。

龜毛鱉走去落坔。

好額免彭亨。家伙秤輕々。

有錢也艱苦。業字頭毵々。

第四百六十一號　昭和十年七月六日　子曰店主

送對收。買對賣。求情對投仟。

見誚對着驚。空顚對假會。

出頭天。無目地。菜蟳對毛蟹。

放屁走較開。食 X 側落下。

實在有目惚識人。

敢會與鬼哭無父。

無甚要緊。扐虱母使出籐牌。

眞正袂活。飼老鼠在咬布袋。

第四百六十二號　昭和十年七月九日　子曰店主

街對巷。路對埕。督陣對謀營。

添丁對蔭卵。立字對補呈。

眞食命。僫報名。罔度對允成。

全惚知死活。攏袂見輸贏。

死罪是無餓罪重。

好人惚佮歹人行。

眞正派頭。也想僫脫袴去遮海。

全無情理。敢有影避車着折城。

第四百六十三號　昭和十年七月十三日　子曰店主

曳對拖。搖對動。打空對相縫。

歹走對袂行。參商對映望。

耳空輕。脚步重。翻顛對變弄。

豬母揎菜籃。狗頭納箸籠。

是汝自己無主張。

倩人大家湊相共。

講甲有講。煞會使得起花碼。

睏盡管睏。怹通想懷如絮夢。

第四百六十四號　昭和十年七月十六日　子曰店主

泔對鹽。甜對苦。辦公對拜祖。

鬥寶對聯財。招尪對娶某。

紅目猴。靑面虎。袂興對愈鹵。

勿用假有情。實在眞無譜。

歸身軀烏閣大箍。

一枝嘴土掛搖櫓。

燒々面映帶清尻川。磚徙許石。

好々花插坫牛屎堆。鑼怹陣鼓。

第四百六十五號　昭和十年七月十九日　子曰店主

開對合。負對僥。有剩對無消。

歹圇對好缺。袂攝對賢雕。

去護 X。來現搜。變鬼對治妖。

假七顛八倒。激三節六蹺。

盖有影欺貧重富。

也無在食飽換枵。

好々人袂曉做想懷做賊。

近々王著怹姓走去姓蕭。

第四百六十六號　昭和十年七月二十三日　子曰店主

擔對扛。縛對貫。零星對歸串。

打𤲶對結球。歹收對罔置 (叶土)。

厚擂錘。賢針鑽。商量對相勸。

會好袂擔肥。枵飢兼失頓。

只驚是前去後空。

惚知影大食細算。

飼囝是矛盾矛盾。一半天成一半人成。

凡事總大概大概。有時星光有時月光。

第四百六十七號　昭和十年七月二十六日　子曰店主

合對開。關對閂。歸埕對四散。

到尾對起頭。交纏對相絆。

搰水米。睏火炭。使雄對食晏。

展嘴護汝搜。借目共伊看。

送嫁閣較水新娘。

少爺煞看準戲旦。

若有亂講。卽護伊落扳舌地獄。

眞正歹掌。袂輸在辦無頭公案。

第四百六十八號　昭和十年七月二十九日　子曰店主

單對雙。千對百。強牽對硬揷。

積德對抅蠻。思量對布搭。

送小心。賣戀肉。歹猫對枵鴨。

愈平愈夯楹。直講直續拍。

有睭有目驚汝無。

食魚食肉着荣甲。

老虎在行路有時也會眍眠。

魯鼠泅過溪逐人都是喝撲。

第四百六十九號　昭和十年八月三日　剃刀先生

皷對鑼。鐘對磬。小心對高興。

迫戰對求和。包輸對好勝。

○五抽。百二聘。落衰對反症。

有麝自然香。無屍不可證。

打雜役是無賺食。

帶魁罡的有權柄。

三廳官袂判得家內事（讀大）。

六月蘆。較毒過飯時銃。

第四百七十號　昭和十年八月六日　　子曰店主

　　　吞對吐。咋對呵。客舘對窩家。

　　　烟間對酒店。草蓆對籬笆。

　　　擮雞蛋。煩猴膠。過水對坐礁。

　　　那媒人嘴水。假孔子屄拋。

　　　棹頂提柑講較快。

　　　竹竿量布錢爭差。

　　　襤褸查某袋屎激大肚。

　　　恖成狗仔放尿閣攑腳。

第四百七十一號　昭和十年八月九日　　善化　蘇友章

　　　蟳對蟻。蟹對螺。熊掌對猪蹄。

　　　粉蟯對赤貝。田蛤對水蛙。

　　　白鹿酒。烏〔註49〕龍茶。橄欖對枇杷。

　　　四碗零二匹。壹桌坐八個。

　　　有聊着加飲白鶴。

　　　無趄暫且食黃雞。

　　　青年閣佳肴最好多荣鴨。

　　　萬月樓特色惟有桔汁蝦。

　　　（青年閣萬月樓俱在善化街開業）

第四百七十二號　昭和十年八月十三日　　善化　蘇友章

　　　某對尫。父對子。有情對無影。

　　　騎馬對坐車。搬山對過嶺。

　　　有滋味。無鹹洿。夯枷對戴鐳。

　　　少貨賣有錢。多屄生無囝。

　　　總着叫伊去隨來。

　　　不可乎人辭甲請。

　　　井底水蛙未識着褲內旗杆。

　　　草地胡蠅恖敢食縣口香餅。

第四百七十三號　昭和十年八月十六日　　子曰店主

　　────────────

〔註49〕原稿爲「鳥」，應爲「烏」字的誤植。

揀對推。關對閂。分開對折散。

相縫對做堆。起早對睏晏。

顧飼貓。捧茶旦。豎山對坐案。

攏免驚人知。若有護汝看。

袂曉講煞袂曉聽。

勿識全總也識半。

正袂活。前無糧草後無救兵。

較些快。來那風火去那絲線。

第四百七十四號　昭和十年八月十九日　子曰店主

掘對搤。犁對擺。招軍對合夥。

鬪寶對連財。大公對小伙。

打起頭。終歸尾。生油對燒火。

直講直有詼。愈想愈反悔。

是汝腹肚內無膏。

大家手中心拚火。

想勿剩。誣賴佛祖在偷拈蚵。

看袂破。映望乞食會墮（讀加）落粿。

第四百七十五號　昭和十年八月二十三日　子曰店主

挣對撲。搹對巴。破產對傾家。

參商對設法。分會對調查。

無限量。有爭差。椪泡對結疤。

目空看正狹。屎跡咋護乾。

腹肚枵着凹巴脊。

頭殼探甲到屧拋。

無計無較。護撲勿敢抵手。

假訬假癲。滾笑閣續扶脚。

第四百七十六號　昭和十年八月二十六日　子曰店主

碗對盤。箱對籠。說情對開講。

有勢對無通。賢拖對興紡。

歹手法。大目眶。假癀對眞爽。

豆蒲激扒平。荣頭勿栽鬃。

笑人腹肚那飯厨。

罵汝頭殼戴屎桶。

大手閣生手仔。扐烏耳鰻。

歹心看準心適。放紅胇蚊。

第四百七十七號　昭和十年八月二十九日　剃刀先生

夯對戴。穿對粧。袋屎對凍霜。

油矸對米甕。醋桶對醃缸。

歹厝宅。瘦地方。有粟對粗糠。

吊乳打腹肚。牽○拭尻川。

小氣鬼驚生驚死。

大丈夫敢作敢當。

棄人王。三支頭毛激五股辮。

戀查某。一粒田螺煮九碗湯。

第四百七十八號　昭和十年九月三日　子曰店主

嫺對娘。娼對婊。番癲對起訬。

雜念對牢騷。交纏對攪擾。

眞不通。假袂曉。勝閒對湊巧。

親像摔烏魚。激護放飛鳥。

生理錢罔挨罔挨。

世間事微渺微渺。

恦免驚。自己狗咬無妨。

無要緊。別人困死未了。

第四百七十九號　昭和十年九月六日　子曰店主

手對脚。蹄對爪。金龜對海鳥。

山鬃對草猴。歹人對破婊。

眞出怵。慢假訬。無通對袂曉。

實在看見々。恦好講了々。

較無閒嗎着撥工。

敢有影甲些湊巧。

會興々外境。會聖々外頭。

僗開々大婊。僗賭々大繳。

參考文獻

（按作者姓氏筆劃順序排列）

一、報刊、雜誌史料

1. 《三六九小報》，三六九小報社，1930 年 9 月～1935 年 9 月（臺北市：成文書局複刻）。

2. 《南方》，南方雜誌社，1941 年 7 月～1944 年 1 月（臺北市：南天書局複刻）。

3. 《風月》，風月俱樂部，1935 年 5 月～1936 年 2 月（臺北市：南天書局複刻）。

4. 《風月報》，風月報俱樂部，1937 年 7 月～1941 年 6 月（臺北市：南天書局複刻）。

5. 《詩報・日治時期臺灣傳統文學大成（1930～1944）》（臺北縣：龍文出版社，2007 年）。

二、專　著

1. David D. Cilmore 著、何雯琪譯《厭女現象：跨文化的男性病態 Misogyny: the male malady》（臺北市：書林出版有限公司，2005 年）。

2. Michale Bernard、劉佑知合著《細說英語粗話 American English Vulgarisms》（臺北市：商務印書館，2010 年 7 月）。

3. 中島利郎，《一九三〇年代臺灣鄉土文學論戰資料彙編》，（高雄市：春暉出版社，2003 年 3 月）。

4. 中國文化學院臺灣研究所，《臺灣文物論集》（臺中縣：臺灣省文獻委員會：1984 年）。

5. 王文斌，《瘋狂的教化》（臺北縣：新雨出版社，1994 年）。

6. 王見川，《臺灣的齋教與鸞堂》（臺北市：南天書局，1996 年）。

7. 王祥齡，《中國古代崇祖敬天思想》（臺北市：臺灣學生書局，1992 年）。

8. 朱仲西等，《基隆市志》（基隆市：基隆市政府，1986 年 4 月）。

9. 朱承平，《對偶辭格》（中國大陸長沙市：岳麓書社出版，2003 年 9 月）。

10. 江志宏，《臺灣傳統常民社會的明幽二元思維——普度、祭厲與善書》（臺北縣板橋市：稻鄉出版社，2005 年 5 月）。

11. 江燦騰，《日據時期臺灣佛教文化發展史》（臺北市：南天出版社，2001 年）。

12. 佚名，《天堂地獄歌》（新竹：竹林書局，1987 年 2 月）。

13. 吳育臻編纂，《嘉義市志‧卷二‧人文地理志》（嘉義市：嘉義市政府，2002 年）。

14. 吳毓琪，《臺灣南社研究》（臺南市：南市文化，1999 年）。

15. 吳瀛濤，《臺灣諺語》（臺北市：台灣英文出版社，1979 年 9 月）。

16. 呂正惠，《殖民地的傷痕：台灣文學問題》（臺北市：人間出版社，2002 年）。

17. 呂理政，《傳統信仰與現代社會》（臺北縣：稻鄉出版社，一版二刷，2000 年 5 月）。

18. 李世偉，《日據時代臺灣儒教結社與活動》（臺北市：文津出版社，1999 年）。

19. 李秀娥 ，《臺灣的生命禮俗——漢人篇》（臺北縣：遠足文化，2006 年 7 月）。

20. 李南衡主編，《日據下台灣新文學‧賴和先生全集》（臺北市：明潭出版社，1979 年）。

21. 李炳澤，《咒與罵》（中國大陸河北省：河北人民出版社，1997 年 8 月）。

22. 李勤岸，《台灣話語詞的變化 Tai-ona-oe Gi-su e pian-hoe Taiwanese Lexical Change and Variation》（臺南市：真平企業有限公司，2003 年）。

23. 李勤岸，《母語教育：政策及拼音規劃》（臺南市：開朗雜誌，2006 年）。

24. 李獻璋，《臺灣民間文學集》（臺北市：龍文出版社，1989 年）。

25. 汪知亭，《臺灣教育史料新編》（臺北市：臺灣商務印書館，1978 年）。

26. 谷向陽，《中國楹聯學概論》，（中國大陸北京市：昆侖出版社，2007 年 2 月）。

27. 車萬育（清）著，黃熙年點校，《聲律啓蒙》（中國大陸長沙市：岳麓書社，1987 年）。

28. 周慶芳、洪富連、陳瑤塘、黃文榮、鍾進添合著，《台灣民間殯葬禮俗彙編》（高雄市：高雄復文圖書出版社，2005 年）。

29. 林明義主編，《臺灣冠婚葬祭家禮全書》（臺北市：武陵出版有限公司，四版九刷，2002 年 6 月）。

30. 林美容,《白話圖說臺風雜記：臺日風俗一百年》（臺北市：台灣書房，2007年11月）。

31. 林緝熙,《臺灣先賢詩文集彙刊第五輯・狄州吟草》（臺北縣：龍文出版社，2001年）。

32. 法務部,《臺灣民事習慣調查報告》（臺北市：法務通訊雜誌社，1994年）。

33. 花松村,《台灣鄉土全誌・第七冊（臺南市、壹南縣）》（臺北市：中一出版社，1996年5月）。

34. 施士洁,《臺灣文獻叢刊第二一五種・後蘇龕合集》（臺北市：臺灣銀行，1965年）。

35. 施懿琳,《從沈光文到賴和》（高雄市：春暉，2000年）。

36. 胡萬川,《台南縣閩南語諺語集（一）》（臺南縣：臺南縣文化局，2002年）。

37. 胡萬川,《蘆竹鄉閩南語歌謠（一）》（桃園市：桃園縣文化中心，1999年）。

38. 胡萬川、呂興昌、陳萬益總編輯,《民間文學與作家文學研討會論文集》（新竹市：國立清華大學中文系，1998年）。

39. 胡萬川總編,《臺灣民間文學學術研討會論文集》（南投縣中興新村：臺灣省政府文化處，1998年）。

40. 范情等著,《女人屐痕：台灣女性文化地標》（臺北市：女書文化，2006年）。

41. 范曄,《後漢書》（臺北市：台灣中華書局，1965年）。

42. 唐德塹,《善化鎮鄉土誌》（臺南市：三和出版社，1982年9月）。

43. 徐君、楊海,《妓女史》（臺北市：華成圖書出版公司，2004年8月）。

44. 徐坤泉,《可愛的仇人》（臺北市：前衛出版社，1998年），頁65。

45. 班納迪克・安德森（Benedict Anderson）,《想像的共同體：民族主義的起源與散布》（臺北市：時報文化出版社，1999）。

46. 索緒爾著,高名凱譯,《普通語言學教程》（中國大陸北京：商務印書館，1980年）。

47. 翁聖峰,《日據時期臺灣新舊文學論爭新探》（臺北市：五南圖書出版股份有限公司，2007年1月）。

48. 高明士,《東西傳統家禮、教育與國法（一）家族、家禮與教育》（臺北市：國立臺灣大學出版中心，2005年9月）。

49. 張炎憲主編,《歷史文化與台灣：台灣研究研討會紀錄》（臺北市：臺灣風物雜誌社，1988）。

50. 張深切著,陳芳明、張炎憲、邱坤良、黃英哲、廖仁義主編 ,《張深切全集卷1・里程碑──又名《黑色的太陽》（上）》（臺北市：文經出版社，1998年1月）。

51. 張深切著、陳芳明、張炎憲、邱坤良、黃英哲 、廖仁義主編,《張深切全集卷 10‧人間與地獄——李世民遊地府、荔鏡傳——陳三五娘》(臺北市:文經出版社,1998 年 1 月)。

52. 張惠芳,《張淑子及其作品研究》,國立臺南大學臺灣文化研究所碩士論文,2010 年 1 月。

53. 梁明雄,《日據時期臺灣新文學運動研究》(臺北市:文史哲出版社,1996 年 2 月)。

54. 莊英章,《家族與婚姻——臺灣北部兩個閩客村落之研究》(臺北市:中研院民族所,1994 年)。

55. 許俊雅、吳福助主編《全臺賦》(臺南市:國家臺灣文學館籌備處,2006 年 12 月)。

56. 連橫,《雅言》(臺北市:臺灣銀行,1963 年)。

57. 郭怡君、楊永彬編著,《風月、風月報、南方、南方詩集總目錄、專論、著者索引》(臺北市:南天出版社,2001 年 6 月)。

58. 陳其南,《家族與社會——台灣與中國社會研究的基礎理念》(臺北市:聯經出版社,1990 年)。

59. 陳其南,《臺灣的傳統中國社會》(臺北市:允晨文化,1987 年 3 月)。

60. 陳金田譯,《臺灣私法第一卷》(臺中市:臺灣省文獻委員會,1990 年 6 月)。

61. 陳昭瑛,《臺灣與傳統文化》(臺北市:臺灣書店,1999 年)。

62. 陳哲三,《古文書與臺灣史研究》(臺北市:文史哲出版社,2008 年 12 月)。

63. 陳雲川編,《江山美人》(臺北市:國立傳統藝術中心籌備處,2001 年 6 月)。

64. 陳瑞隆,《台灣生育、冠禮、壽慶禮俗》(臺南市:世峰出版社,1998 年 1 月)。

65. 陳肇興,《臺灣文獻叢刊第一四四種‧陶村詩稿》(臺北市:臺灣銀行,1962 年)。

66. 凱瑟琳‧麥金儂(Catharine A. MacKinnon),《言語不只是言語——誹謗、歧視與言論自由》(臺北市:博雅書屋有限公司,2010 年 12 月)。

67. 游淑珺,《女界門風:台灣俗語中的女性》(臺北市:前衛出版社,2010 年 8 月)。

68. 曾秋美,《台灣媳婦仔的生活世界》(台北市:玉山社,1998 年 6 月)。

69. 黃文博,《台灣人的生死學》(臺北市:常民文化出版社,2000 年 8 月)。

70. 黃勁連譯注,《增廣昔時賢文》(臺南市:金安出版社,2002 年 7 月)。

71. 黃美娥,《重層現代性鏡像:日治時期臺灣傳統文人視域與文學想像》(臺

北市：麥田出版社，2004 年）。

72. 黃哲永，《東石鄉閩南語歌謠（二）》（嘉義縣：嘉縣文化，1997 年）。

73. 黃萍瑛，《臺灣民間信仰「孤娘」的奉祀──一個社會史的考察》（臺北縣：稻鄉出版社，2008 年 10 月）。

74. 楊翠，《日據時期台灣婦女解放運動：以《台灣民報》為分析場域（1920～1932）》（臺北市：時報文化，1993 年）。

75. 經典雜誌，《臺灣教育四百年》（臺北市：經典雜誌，再版一刷，2006 年 11 月）。

76. 葉海編，《神祕殺人針》（臺北市：國立傳統藝術中心籌備處，2001 年 6 月）。

77. 廖漢臣，《臺灣兒歌》（臺中市：臺灣省政府新聞處，1980 年 6 月）。

78. 臺灣經濟研究室，《臺灣雜詠合刻》（臺北市：臺灣經濟研究室，1958 年）。

79. 臺灣銀行經濟研究室編，《臺灣私法人事編（第四冊）》（臺北市：臺灣銀行，1961 年）。

80. 劉達臨，《縱橫華夏性史：古代性文明搜奇（上）》（臺北市：性林文化，1995 年 8 月）。

81. 劉寧顏主編，《臺灣慣習記事第壹卷下（中譯本）》（臺中縣：臺灣省文獻委員會，1984 年）。

82. 潘朝陽，《臺灣儒學的傳統與現代》（臺北市：國立臺灣大學出版中心，2008 年）。

83. 潘榮禮，《台灣孽恝話新解》（臺北市：前衛出版社，2005 年 8 月）。

84. 鄧火煙編，《仇海情天》（臺北市：國立傳統藝術中心籌備處，2001 年 6 月）。

85. 盧嘉興原著，《臺灣古典文學作家論集》（臺南市：臺南市立藝術中心，2000 年）。

86. 蕭國亮，《中國娼妓史》（臺北市：文津出版社，1996 年 10 月）。

87. 蕭登福，《道佛十王地獄說》（臺北市：新文豐出版公司，1996 年 9 月）。

88. 蕭麗紅，《千江有水千江月》（臺北市：聯合報社，1981 年）。

89. 賴惠川，《臺灣先賢詩文集彙刊第四輯‧悶紅館全集》（中）（臺北縣：龍文出版社，2006 年）。

90. 薛文鳳、劉阿蘇、黃恭喜主編，《臺南市志‧卷二，人民志人口篇》（臺南市：臺南市政府，1985 年）。

91. 謝康，《賣淫制度與臺灣娼妓問題》（臺北市：大風出版社，1972 年）。

92. 謝雪漁，《臺灣先賢詩文集彙刊第二輯‧奎府樓詩草》（臺北縣：龍文出版社，1992 年）。

93. 露絲‧韋津利（Ruth Wajnryb），《髒話文化史》（臺北市：麥田出版社，2006年）。

三、期刊、研討會、專書論文、網路文獻

1. 〈佛說鬼問目連經白話〉，《報佛恩網》（來源：http://www.bfnn.org/book/books2/1324.htm，讀取日期：2009 年 12 月 17 日）。

2. 王世慶〈日據初期臺灣之降筆會與戒烟運動〉，《臺灣文獻》37 卷 4 期（1986年），頁 111～151。

3. 王俊中〈日本佛教的近代轉變——以佛學研究與教團傳教爲例〉，《獅子吼雜誌》第 33 卷第 4 期（1994 年 4 月）（來源：http://ccbs.ntu.edu.tw/FULLTEXT/JR-MISC/mag86915.htm，讀取日期：2010 年 5 月 3 日）。

4. 王榮祥〈咒鄰全家死光光 老翁挨告〉，《自由電子報》（2010 年 12 月 12日）
（來源：http://www.libertytimes.com.tw/2010/new/dec/12/today-south16.htm，讀取日期：2011 年 2 月 23 日）。）

5. 向麗頻〈《三六九小報》〈花叢小記〉所呈現的臺灣藝旦風情〉，中國文化月刊 261 期（2001 年 12 月），頁 48～76 頁。

6. 江燦騰〈日據時代臺灣反佛教色情文學的創作〉，《北縣文化》72 期（2002年），頁 82～105。

7. 江燦騰〈日據時期臺灣新佛教運動的先驅——「臺灣佛教馬丁路德」林德林的個案研究〉，《中華佛學學報》第 15 期（2002 年），頁 255～303。

8. 吳文星〈日據時期台灣書房教育之再檢討〉，《思與言》第 26 卷第 1 期（1988年 5 月），頁 101～108。

9. 吳瀛濤〈從歌謠看民俗〉，《臺灣文物論集》（臺中縣：臺灣省文獻委員會：1984 年），頁 271～294。

10. 吳家翔、蘇聖怡、涂建豐〈粗鄙 藍議員批陳菊「搖屁股」〉（2009 年 10月 20 日），「蘋果日報網站」（來源：http://tw.nextmedia.com/applenews/article/art_id/32028852/IssueID/20091020，讀取日期：2010 年 12 月 3 日）。

11. 呂興昌〈論鄭坤五的「台灣國風」〉，「台灣文學研究工作室」（來源：http://ws.twl.ncku.edu.tw/hak-chia/l/li-heng-chhiong/tenn-khun-ngou.htm，讀取日期：2009 年 10 月 15 日）。

12. 李承機〈從清治到日治時期的〈紙虎〉變遷史——將緊張關係訴諸「輿論大眾」的社會文化史〉，收錄於柳書琴、邱貴芬主編《後殖民的東亞在地化思考：臺灣文學場域》（臺南市：國家臺灣文學館籌備處，2006 年），頁 15～44。

13. 李毓嵐〈日治時期臺灣傳統詩人的休閒娛樂——以櫟社詩人爲例〉，《臺灣學研究》第 7 期（2009 年 6 月），頁 51～76。

14. 杜保瑞〈從朱熹鬼神觀談三教辨正問題的儒學理論建構〉,《東吳哲學學報》第 10 期(2004 年 8 月),頁 55〜92。

15. 林弘勳〈日據時期臺灣煙花史話〉,《思與言》第 33 卷第 3 期(1995 年 9 月),頁 77〜123。

16. 林芳玫〈台灣三〇年代大眾婚戀小說的啓蒙論述與華語敘事:以徐坤泉、吳漫沙爲例〉,發表於國立臺北大學中文語文學系主辦《第四屆文學與資訊學術研討會會前論文集》(2008 年 10 月),頁 1〜26。

17. 林淑娟〈謝三立怨三立澎哥一再失控〉,《自由時報電子報》(2005 年 9 月 26 日)(來源:http://www.libertytimes.com.tw/2005/new/sep/26/today-show2. htm,讀取日期:2011 年 2 月 23 日)。

18. 林淑慧〈《三六九小報》花系列專欄的女性身影及其文化意義〉,發表於交通大學外國語文學系舉辦《精神分析、性別、視覺文化第三屆全國研究生論文會議》,2006 年 5 月 12 日(來源:http://film.nctu.edu.tw/bulletinchqryview.jsp?e=200600007,讀取日期:2008 年 4 月 16 日)。

19. 林淑慧〈台灣閩南生命禮俗諺語的文化詮釋〉,《民間文學年刊》創刊號(2007 年 7 月),頁 111〜144。

20. 林翠鳳〈中國傳統蒙書敍說〉,《國文天地》11 卷 1 期(1995 年 6 月),頁 50〜55。

21. 林翠鳳〈我國歷代蒙書析論〉,《臺中商專學報》29 期(1997 年 6 月 1 日),頁 253〜276。

22. 施懿琳〈民歌采集史上的一頁補白——蕭永東在《三六九小報》的民歌仿作及其價值〉,發表於中興大學中文系《第三屆通俗文學與雅正文學全國學術研討會論文集》(臺北:新文豐,2002 年 7 月)。

23. 柳書琴〈通俗作爲一種位置:《三六九小報》與 1930 年代台灣的讀書市場〉,《中外文學》第 33 卷第 7 期(2004 年 12 月),頁 19〜55 頁。

24. 翁聖峰〈《鳴鼓集》反佛教破戒文學的創作與儒釋知識社群的衝突〉,《台灣文學學報》第 9 期(2006 年 12 月),頁 83〜104。

25. 高旭繁、陸洛〈夫妻傳統性/現代性的契合與婚姻適應的關聯〉,《本土心理學研究》第 25 期(2006 年 4 月),頁 47〜100。

26. 張學謙〈台語口語及書面語體的多面向分析〉,《語言暨語言學》1 卷 1 期(2000 年),頁 89〜117。

27. 張聰秋〈男子校園上吊 老師集資「送肉粽」〉,《自由時報電子報》(2010 年 10 月 13 日)(來源:http://www.libertytimes.com.tw/2010/new/oct/13/today- so1.htm,讀取日期:2011 年 2 月 14 日)。

28. 陳思宇〈台灣話文書寫實踐的探析——以蔡培楚〈新聲律啓蒙〉爲觀察對象〉,發表於靜宜大學台灣文學系舉辦《第五屆中區研究生台灣文學學術

論文研討會》（2010 年 5 月 22 日），頁 50～74。

29. 曾金金〈從台華英俗諺對比分析探討台灣文化特質〉，發表於國立臺灣師範大學整合型研究計畫之台灣多元文化之建構聯合成果發表會，2008 年。

30. 黃克武、李心怡〈明清笑話中的身體與情慾：以《笑林廣記》為中心分析〉，《漢學研究》19 卷 2 期（2001 年），頁 343～374。

31. 黃柏齡、戴榮賢〈法網專題：民國 82 年忍無可忍的家暴 鄧如雯殺夫〉，《華視新聞》（2010 年 12 月 27 日），（來源：http://news.cts.com.tw/cts/society/201012/201012270639608.html，讀取日期：2011 年 2 月 21 日）。

32. 鄒宗德〈車萬育與《聲律啓蒙》〉，《歷史月刊》139 期（1999 年 8 月），頁 111～113。

33. 趙彥寧〈階級與自然主義的美學：評藍博洲的《台灣好女人》與江文瑜的《山地門之女》〉，《文化研究月報》第 10 期（2001 年 12 月 15 日）（來源：http://www.ncu.edu.tw/~eng/csa/journal/journal_park72.htm，讀取日期：2010 年 11 月 5 日）。

34. 蔡文正〈送肉粽習俗／送走吊死鬼魂魄 化煞氣〉，《自由時報電子報》（2010 年 10 月 13 日）（來源：http://www.libertytimes.com.tw/2010/new/oct/13/today-so1～2.htm，讀取日期：2011 年 2 月 14 日）。

35. 蔡孟尚、黃美珠等〈九把刀演説 校長説：幹，太好聽了〉，《自由時報電子報》（2010 年 12 月 15 日）（來源：http://www.libertytimes.com.tw/2010/new/dec/15/today-t1.htm，讀取日期 2011 年 1 月 12 日）。

36. 鄭縈〈從語料庫看漢語情態動詞的詞序〉，《靜宜人文學報》14 期（2001 年），頁 42～69。

四、學位論文

1. 川路祥代，《殖民地臺灣文化統合和臺灣傳統儒學社會（1895～1919）》，國立成功大學中國文學研究所博士論文，2002 年。

2. 王書偉，《殯葬禮俗「禁忌」研究——以嘉義大林鎮為例》，南華大學宗教學研究所碩士論文，2007 年。

3. 王麗珍，《「孝道」與「生命實踐」關係之研究——歸本於《論語》》，佛光大學生命學研究所碩士論文，2005 年。

4. 江昆峰，《《三六九小報》之研究》，銘傳大學應用語文研究所中國文學組碩士論文，2004 年。

5. 江淑娟，《客語形象詞的文化探討》，國立中央大學客家研究碩士在職專班碩士論文，2010 年 7 月。

6. 江燦騰，《殖民統治與宗教同化的困境——日據時期臺灣新佛教運動的頓挫與轉型》，國立臺灣大學歷史學研究所博士論文，1999 年。

7. 吳少剛，《群己關係的儒學省察——以《論語》《孟子》倫理思想爲中心》，南華大學哲學研究所碩士論文，2008 年 6 月。

8. 吳宗曄，《《臺灣文藝叢誌》（1919～1924）傳統與現代的過渡》，國立臺灣師範大學臺灣文化及語言文學研究所碩士論文，2009 年。

9. 宋光宇，《日據時期臺灣人對日本文化之迎拒：殖民性、現代化與文化認同》，中國文化大學史學研究所博士論文，2007 年。

10. 李坤達，《死亡與不死——台灣俗民道教魂魄觀的死亡哲學研究》，東吳大學哲學系碩士論文，2002 年。

11. 李淑鳳，《台語羅馬字拼音史論》，國立臺南大學國語文學系碩士論文，2007 年。

12. 林駿華，《馬祖喪葬禮俗研究》，南華大學生死學研究所碩士論文，2003 年。

13. 邱藍萍，《賴仁聲兩個時代台語小說中的借詞比較》，國立臺灣師範大學臺灣文化及語言文學研究所碩士論文，2008 年 2 月。

14. 柯喬文，《《三六九小報》之古典小說研究》，南華大學文學研究所碩士論文，2003 年。

15. 徐福全，《臺灣民間傳統喪葬儀節研究》，國立師範大學中國文學研究所博士論文，1983 年。

16. 張志樺，《情慾消費於日本殖民體制下所呈現之文化社會意涵——以《三六九小報》與《風月》爲探討文化》，國立成功大學臺灣文學研究所碩士論文，2006 年 7 月。

17. 張惠芳，《張淑子及其作品研究》，國立臺南大學台灣文化研究所碩士論文，2010 年 1 月。

18. 莊振局，《春秋時代倫理研究》，玄奘大學中國語文學系碩士論文，2005 年。

19. 陳亮岑，《高雄縣竹子寮窯業生活空間變遷研究》，南華大學環境與藝術研究所碩士論文，2003 年。

20. 陳靜瑜，《文類與故事的演變——以朱買臣休妻爲例》，國立清華大學中國文學系碩士論文，2009 年。

21. 廖祺正，《三十年代台灣鄉土話文運動》，國立成功大學歷史語言研究所碩士論文，1990 年。

22. 蔡依伶，《從解纏足到自由戀愛：日治時期傳統文人與知識分子的性別話語》，國立臺北教育大學台灣文學研究所碩士論文，2006 年。

23. 鄭怡卿，《臺灣閩客諺語中的女性研究》，國立中央大學中國文學系碩士論文，2008 年。

24. 蕭燕榮，《春秋時代孝親倫理研究》，玄奘大學中國語文學系碩士在職專班

論文，2008 年。

25. 戴淑珍，《新竹鸞堂善書《化民新新》研究》，玄奘大學中國語文學系碩士論文，2004 年。

26. 蘇志明，《孔孟荀禮學思想研究》，華梵大學東方人文思想研究所碩士論文，2006 年。

27. 蘇秀鈴，《日治時期崇文社研究》，國立彰化師範大學國文教育研究所碩士論文，2001 年 1 月。

五、網路資料、資料庫與工具書

1. 《南臺灣留聲機音樂協會》部落格，（來源：http://tw.myblog.yahoo.com/cfz9155 cfz0678sv-cfz9155cfz0678sv/article?mid=11090&sc=1，讀取日期：2010 年 10 月 1 日）。

2. 《大英百科全書》繁體中文版（來源：http://daying.wordpedia.com/）。

3. 《中央研究院漢籍電子文獻資料庫》（來源：http://hanji.sinica.edu.tw/index.html?）。

4. 《漢羅台語文斷詞系統》（來源：http://poj.likulaw.info/hanlo_hunsu.php）。

5. 《臺灣漢詩數位典藏資料庫》（來源：http://140.125.168.74/literaturetaiwan/poetry/home.asp）。

6. 中天新聞片段「恐怖枕邊人 part 1 鄧如雯殺夫」，（來源：http://www.ctitv.com.tw/newchina_video_c130v29320.html，讀取日期：2011 年 2 月 21 日）。

7. 台大圖書館與漢珍數位圖書公司合作，《漢文台灣日日新報》全文電子版資料庫（來源：http://smdb.infolinker.com.tw/）。

8. 台灣總督府編，《臺灣俚諺集覽》（臺北市：南天出版社，1914 年）。

9. 江寶釵等人建置，《台灣漢詩數位典藏資料庫》（來源：http://140.125.168.74/literaturetaiwan/poetry/home.asp）。

10. 行政院文化建設委員會建置，《臺灣大百科全書》（來源：http://taiwanpedia. culture.tw/web/index）。

11. 行政院文化建設委員會建置，《賴和紀念館》（來源：http://cls.hs.yzu.edu.tw:88/LAIHE/）。

12. 阮昌銳編，《台灣的民俗》（臺北市：交通部觀光局，1999 年）。另於《交通部觀光局訓練教材網》刊載電子全文（來源：http://admin.taiwan.net.tw/e-learn/，讀取日期：2010 年 12 月 20 日）。

13. 林俊育翻譯，《台語辭典（台日大辭典台語譯本）》（來源：http://taigi.fhl.net/dict/）。

14. 國家圖書館建置，《臺灣記憶》（來源：http://memory.ncl.edu.tw/tm_cgi/

hypage. cgi?HYPAGE=index.hpg）。

15. 教育部國語推行委員會編纂,《重編國語辭典修訂本》教育部線上電子字辭典。（來源：http://dict.revised.moe.edu.tw/）。

16. 教育部國語推行委員會編纂,《臺灣客家語常用詞辭典》教育部線上電子字辭典。（來源：http://hakka.dict.edu.tw/hakkadict/index.htm）。

17. 教育部國語推行委員會編纂,《臺灣閩南語常用詞辭典》教育部線上電子字辭典。（來源：http://twblg.dict.edu.tw/holodict/index.htm）。

18. 許雪姬、薛化元、張淑雅等撰,《臺灣歷史辭典》（臺北市：文建會,2004年）。

19. 陳主顯,《台灣俗諺語典》（臺北市：前衛出版社,1997～2009年）。

20. 陳憲國、邱文錫,《實用台灣諺語典》（臺北縣：樟樹出版社,再版,2001年3月）。

21. 勞允棟編,《英漢語言學詞典 An English-Chinese Dictionary of Linguistics》（中國大陸北京：商務印書館,2004年）。

22. 楊允言建置,《台文／華文線頂辭典》,（來源：http://iug.csie.dahan.edu.tw/iug/ ungian/soannteng/chil/taihoa.asp）。

23. 漢珍數位圖書《臺灣人物誌資料庫》（來源：http://news8080.ncl.edu.tw/whos 2app/start.htm）。

六、西文資料

1. Crystal, David.（1997）.The Cambridge Encyclopedia of Language. Cambridge, England: Cambridge University Press.

2. CompactLaw Legal Glossary（來源：http://www.compactlaw.co.uk/legal_glossa）.

3. LAWPACK（來源：http://www.lawpack.co.uk/legal_glossary_）.

4. ONLINE ENCYCLOPEDIA（來源：http://www.encyclo.co.uk/）.

5. Psychic Dictionary of Definitions（來源：http://www.psychics.co.uk/define）.